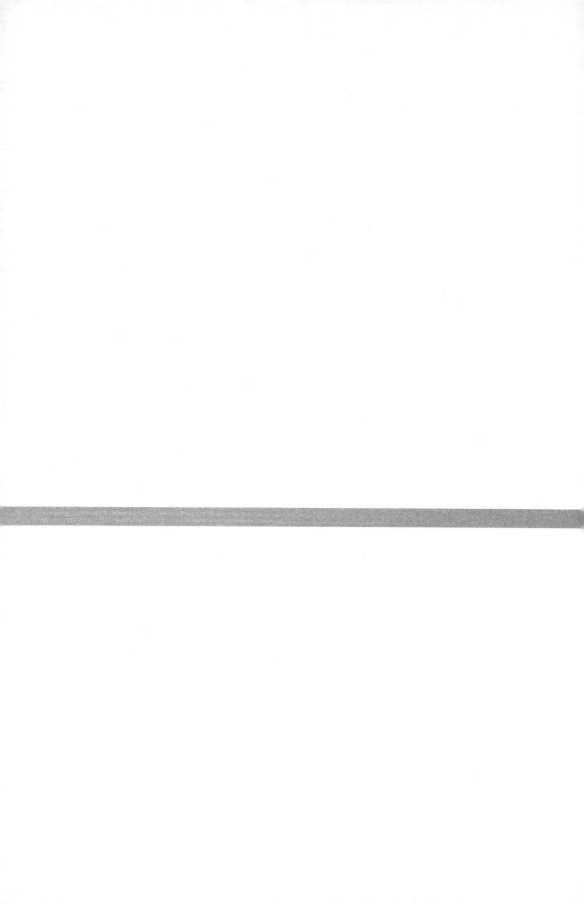

政府工程类
采购评标体系构建
与电子化系统应用研究

吴永春　韩　娜◎著

中国财经出版传媒集团

经济科学出版社

Economic Science Press

图书在版编目（CIP）数据

政府工程类采购评标体系构建与电子化系统应用研究/
吴永春，韩娜著 . —北京：经济科学出版社，2022. 1
ISBN 978 - 7 - 5218 - 3115 - 3

Ⅰ. ①政…　Ⅱ. ①吴…②韩…　Ⅲ. ①基本建设项目
－政府采购－采购管理－研究　Ⅳ. ①F284

中国版本图书馆 CIP 数据核字（2021）第 248657 号

责任编辑：周国强
责任校对：王肖楠
责任印制：张佳裕

政府工程类采购评标体系构建与电子化系统应用研究

吴永春　韩　娜　著

经济科学出版社出版、发行　新华书店经销

社址：北京市海淀区阜成路甲 28 号　邮编：100142

总编部电话：010 - 88191217　发行部电话：010 - 88191522

网址：www. esp. com. cn

电子邮箱：esp@ esp. com. cn

天猫网店：经济科学出版社旗舰店

网址：http：//jjkxcbs. tmall. com

北京密兴印刷有限公司印装

710 × 1000　16 开　11. 5 印张　200000 字

2022 年 1 月第 1 版　2022 年 1 月第 1 次印刷

ISBN 978 - 7 - 5218 - 3115 - 3　定价：78. 00 元

（图书出现印装问题，本社负责调换。电话：010 - 88191510）

（版权所有　侵权必究　打击盗版　举报热线：010 - 88191661

QQ：2242791300　营销中心电话：010 - 88191537

电子邮箱：dbts@ esp. com. cn）

政府采购，也称为公共采购，是指国家机关（包括国家和地方各级权力、行政、审判、检察机关等）、事业单位和团体组织，为了开展日常政务活动或为公众提供公共服务的需要，在财政的监督下，以法律（《政府采购法》《招标投标法》等相关法律）规定的方式、方法和程序，对货物、工程或服务的购买行为。为了规范政府采购行为，需要制定有关政府采购的政策、方法、程序、管理等一系列的法律法规，这些法律法规的总称就是政府采购制度。随着我国《政府采购法》的出台与施行，形成了相对完善的政府采购法律体系，同时，政府采购实践也取得了一定的成果。自此，政府采购也有了明确的法定概念，是指各级国家机关、事业单位和团体组织，使用财政性资金采购依法制定的集中采购目录以内的或者采购限额标准以上的货物、工程和服务的行为。

为了规范政府和社会资本合作（public-private partnership，PPP）项目的政府采购行为，依据《政府采购法》和有关法律、行政法规、部门规章，制定了《政府和社会资本合作项目政府采购管理办法》，这是对政府采购制度的重要扩展和有益补充。

科学、合理、规范、高效的政府采购行为有利于社会资源的充分利用；有利于提高财政资金的使用效益；有利于强化宏观调控、促进内需，使市场经济更加活跃；有利于规范政府采购主体的行为，不断推进反腐倡廉；有利于在国际贸易中保护民族产业。

从历史发展角度看，政府采购和政府采购制度起源于 18 世纪 80 年代的欧洲，距今已有 200 多年的历史。政府采购和政府采购制度既是规范公共机构采购行为的管理制度，又是各级政府在市场经济条件下的有效调控手段，还是各级政府实现经济社会发展目标的重要工具。进入 20 世纪后，政府采购日益成为实现经济社会发展目标的政策工具和手段。

随着我国经济进入新常态，经济发展方式正在从规模速度型粗放增长转向质量效率型集约增长。中共十九大报告明确指出，我国经济已经由高速增长阶段转向高质量发展阶段。推动经济的高质量发展，是当前和今后一个时期确定经济发展思路、制定经济政策、实施宏观调控的根本要求。因此，政府采购要适应建设现代化经济体系的内在要求，有效助力经济社会高质量发展，并且实现政府采购自身的创新发展。这同样是新时代所赋予的光荣使命。

信息化是当今经济社会发展的主要特点，信息技术已被广泛应用于人类社会生活的各个领域并逐渐延伸至政府采购领域。信息化与政府采购融合而成的政府采购电子化系统，可以有效提高政府采购的透明度，提升政府采购的质量和效率，并不断降低采购成本，促进政府采购经济和社会政策目标的实现。

公开招标是政府采购的主要方式。评标工作是公开招标采购中最为关键的环节，也是采购人和供应商关注的焦点。评标工作的好坏决定是否能够选出最适合的供应商，取得合理的产品、价格、质量和服务。因此，政府工程采购中评标方法和评标过程管理同样是评标工作取得成功的关键。

近年来，很多学者从不同角度深入研究了政府采购评标方法和评标过程管理。这些研究成果对政府采购工作起到了非常积极的作用。随着我国经济社会的进一步发展，学术界对政府工程采购评标工作的研究也在逐步深入。本书在介绍政府采购和政府工程采购相关概念的基础上，重点分析了基于价值工程和成本效益分析的联合评标模式，并进行了实证分析。接着介绍了政府采购电子化系统的相关概念和发展过程，重点分析了互联网时代政府采购电子化系统的整体框架、需求分析、功能设计等，并介绍了政府采购电子化系统的实际应用案例。

本书是作者在研究生学习阶段学位论文相关研究的基础上进行的拓展和补充，其具体内容包括四部分：

第一部分（第 1 章）主要介绍选题的来源，研究目的及意义，确定本书的研究内容和框架，总结研究的创新点。第二部分（第 2～3 章）主要介绍政府采购的相关概念、重点分析政府工程采购的体系。第三部分（第4～8章）主要分析构建政府工程采购的评标体系，重点分析基于价值工程和成本效益分析的联合评标模式，并进行实证分析和研究总结与展望。第四部分（第9章）主要分析互联网时代政府采购电子化系统整体框架、需求分析、功能设计等，并介绍政府采购电子化系统的实际应用案例。

本书的成稿得到了山东建筑大学管理工程学院王海滋教授和商学院赵莉教授的鼎力相助。同时，非常感谢经济科学出版社的大力支持，使本书得以顺利出版。

政府采购理论和实践研究正处于不断发展之中，由于作者的水平所限，若有不当之处，希望业内专家学者多提宝贵建议。

吴永春　韩　娜
2021年初冬于映雪湖畔

目　录

第1章

绪论　　　　　　　　　　　　　　　　　　　　　　　1

1.1　研究目的及意义　　　　　　　　　　　　　　　1

1.2　研究内容和框架　　　　　　　　　　　　　　　3

1.3　研究的创新点　　　　　　　　　　　　　　　　5

第2章

政府采购理论　　　　　　　　　　　　　　　　　　6

2.1　政府采购制度发展简述　　　　　　　　　　　　6

2.2　政府采购理论发展简述　　　　　　　　　　　　9

2.3　政府采购的概念　　　　　　　　　　　　　　　12

第3章

政府工程采购评标体系理论　　　　　　　　　　　　32

3.1　政府工程采购的含义　　　　　　　　　　　　　32

3.2　政府工程采购评标的含义　　　　　　　　　　　34

3.3　政府工程采购评标办法设计　　　　　　　　　　34

3.4　政府工程采购评标组织　　　　　　　　　　　　35

3.5　政府工程采购评标原则　　　　　　　　　　　　36

3.6　政府工程采购评标程序　　　　　　　　　　　　37

3.7　政府工程采购评标方法　　　　　　　　　　　　37

3.8　政府工程采购评标体系中存在的问题　　　　　　41

第4章

政府工程采购评标指标体系设计   42

4.1 评标指标体系设计的流程   42

4.2 评标指标体系设计的原则   43

4.3 评标指标的分类   45

4.4 评标指标体系的设计   46

4.5 本章小结   56

第5章

政府工程采购评标指标权重确定   57

5.1 运用层次分析法确定评标指标权重的步骤   57

5.2 层次分析法应用过程中的两个问题   61

5.3 本章小结   63

第6章

基于价值工程和成本效益分析的联合评标模式   64

6.1 价值工程模型   64

6.2 成本效益分析模型   65

6.3 评价指标的无量纲化   65

6.4 基于价值工程和成本效益分析的联合评标模式   66

6.5 本章小结   68

第7章

基于价值工程和成本效益分析的联合评标模式实证分析   69

7.1 工程概况   69

7.2 基于 SMART 准则建立评标指标体系的层次结构模型   70

7.3 基于层次分析法计算指标权重   72

7.4 基于价值工程和成本效益分析联合评标的实证分析   96

7.5 评审结果分析   104

第8章

政府工程采购评标体系总结与展望   106

8.1 政府工程采购评标体系总结   106

8.2 政府工程采购评标体系展望 107

第 9 章

政府采购电子化系统 108

9.1 政府采购电子化发展简述 108

9.2 政府采购电子化的概念 115

9.3 政府采购电子招投标系统分析 118

9.4 政府采购电子化系统实例 134

参考文献 168

附录 MATLAB 程序 173

1.1 研究目的及意义

政府采购起源于 18 世纪 80 年代的欧洲, 距今已有 200 多年的历史。在我国, 随着经济的不断向前发展, 我国各级政府部门和组织将政府采购作为强化财政支出管理的一种主要手段, 已成为一种普遍做法。控制财政支出的一个关键就是做好政府采购。我国政府建立和健全政府采购制度时, 可以运用竞争机制, 激活采购市场, 从而为提高财政资金的使用效率、使用效果和防止腐败现象的出现作出重要贡献。随着我国经济进入新常态, 政府采购将会发挥更大更重要的作用。根据财政部发布的统计数据显示①: 2020 年全国政府采购规模为 36970. 6 亿元, 较上年增加 3903. 6 亿元, 增长 11. 8% , 占全国财政支出和 GDP 的比重分别为 10. 2% 和 3. 6% 。货物、工程、服务采购规模分别为 9175. 8 亿元、17492. 4 亿元和 10302. 4 亿元, 占全国政府采购规模的 24. 8% 、47. 3% 和 27. 9% 。因此, 我国的政府采购市场尤其是工程类采购仍有广阔的发展空间。

公开招标是政府采购的主要方式, 评标组织和过程管理以及评标的结果, 直接影响到政府采购的质量和信誉。评标标准是政府采购评标、定标的客观度

---

① 2020 年全国政府采购简要情况 ［EB/OL］. 财政部网站, http: // www. mof. gov. cn/jrttts/ 202109/t20210903_3750627. htm, 2021 – 09 – 03.

量尺度，它的科学合理性直接影响着评标专家的评标行为以及评标结果的合理性和公正性。而我国现有的评标体系在科学性、合理性等方面存在着一定欠缺。例如：评标指标体系设计不尽合理，再者由于工程招标项目比较复杂，类型多样，影响因素多，完成周期长，因此在评标指标设计时，容易遗漏一些影响因子，尤其相对于公共项目招标采购，不仅涉及经济还有技术和社会等综合效益；评标指标体系权重系数设置不合理，评标专家只是定性考虑项目各指标的权重系数，缺乏有效的政府工程评标决策机制；现在尚缺乏科学合理的评标模式评出在技术、经济、社会等综合效益方面较优的好标。因此，在我国政府采购发展势头良好、发展前景广阔，以及评标体系亟须规范完善的情况下，建立科学、系统、规范的评标体系是可行并且是完全必要的。

随着国际互联网的快速发展，各种网络应用系统得到广泛发展、普及和使用，电子化（或者网络化）招投标系统应时而生。电子化招投标系统是把招标、投标和评标的整个过程呈现在一个相对开放的网络平台中，运用电子信息技术完成招标、投标和评标活动的信息系统，能最大限度地满足招标人采购需求，通过设置不同用户角色操作，实现各主体不同层次、不同种类的招标、投标和评标活动全过程信息化管理系统。政府采购电子化招投标系统就是其中一个典型实例。政府采购通过实施电子化，使得招投标过程脱离了过于繁杂的人力式的手工操作，从而降低了出错率，提高了服务质量，使得招投标工作更加高效和便捷。政府采购通过实施电子化，可以最大限度地减少纸张的使用，实现减少资源浪费和减少环境污染的绿色采购，是一种既环保又节能的采购方式。政府采购通过实施电子化，在实现了信息化建设和标准化体系的同时，满足了各相关主体远程异地投标和评标需求，并实现了网上监管，有效降低了招标投标成本以及相关部门的监管成本和公共服务成本，还实现了采购过程资料和信息快速归档和查询，并且通过网络整合了各相关资源，实现了招投标过程各种数据的共享，而且还使得采购秩序更加规范有序，采购过程更加公开透明，采购的公信力和透明度也得到大力提升。为此，财政部根据 2012 年 3 月国务院召开的第五次廉政工作会议关于"加快建设全国统一的电子化政府采购管理交易平台"的工作要求，为切实加强对全国政府采购信息化建设工作的统一领导和组织实施，根据《中华人民共和国政府采购法》及相关法规制度规定、《"十二五"时期财政信息化建设规划》，积

极部署并制定了《全国政府采购管理交易系统建设总体规划》和《政府采购
业务基础数据规范》，要求建成中央与地方系统相对独立运行、全国基础数
据统一集中共享的大型网络化信息管理系统。2017 年 2 月国家发展改革委、
工业和信息化部、住房城乡建设部、交通运输部、水利部、商务部共同制定
了《"互联网 +"招标采购行动方案（2017—2019 年）》也鼓励各行各业大
力发展和采用电子招标采购，使招标采购与互联网紧密结合，充分发挥诚信
体制与大数据在采购中的作用。因此研究、建立、应用和推广电子招投标系
统，具有十分重要的研究意义，而且从国际和国内的实践经验和发展来看，
电子化招投标系统同样是大势所趋。

　　《全国政府采购管理交易系统建设总体规划》建议建设的全国统一的电
子化政府采购管理交易平台包括信息服务功能、监督管理功能、电子交易功
能、决策支持功能、协作共享功能等五大功能，而且构建了全国政府采购管
理交易系统的总体框架结构。《"互联网 +"招标采购行动方案（2017—2019
年）》给出了招标采购具体的行动目标，建议从 2017 年开始，各行各业不断
建立健全电子招标采购制度和技术标准体系；2018 年，市场化、专业化、集
约化的电子招标采购系统得到广泛应用；2019 年，覆盖全国、分类清晰、透
明规范、互联互通的电子招标采购系统有序运行。通过各级政府部门和其他
各行各业的共同努力，政府采购电子化招投标系统和其他各行各业的电子招
标采购系统迅速发展起来，其中财政部政府采购管理交易系统等一大批政府
采购网站也相继建立并得到广泛应用。

1.2　研究内容和框架

1.2.1　研究内容

　　本书整体分为四个部分：

　　第一部分包括第 1 章，主要介绍著作选题的来源，研究目的及意义，确
定本书的研究内容和框架结构，并总结研究的创新点。

　　第二部分包括第 2 ~ 3 章，主要介绍政府采购的相关概念、重点分析政府

工程采购的体系，包括制定评标办法、建设评标组织、贯彻评标原则及选择评标方法等方面，接着分析政府工程采购评标体系中存在的问题。

第三部分包括第4~8章，主要构建政府工程采购评标体系，重点分析基于价值工程和成本效益分析的联合评标模式，并进行实证分析和研究总结与展望。

第四部分包括第9章，主要分析互联网时代政府采购电子化系统整体框架、需求分析、功能设计等，并介绍政府采购电子化系统的实际应用案例。

1.2.2 研究框架

研究的思路和基本框架如图1.1所示。

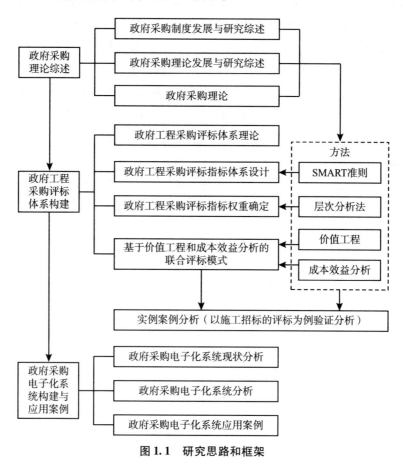

图1.1 研究思路和框架

1.3　研究的创新点

本书的创新点主要集中在政府工程采购评标体系的构建和政府采购电子化系统功能框架分析设计等方面，体现在以下四点：

（1）在对政府工程采购评标体系及相关因素分析的基础上，运用国际普遍使用的 SMART 准则对指标体系进行科学的设置。

（2）运用层次分析法（analytic hierarchy process，AHP）构建模型，并确定各层次科学合理的指标权重系数。

（3）运用基于价值工程和成本效益分析的联合评标模式，从技术、经济和社会等综合效益方面优选供应商，形成科学、合理、完整的评标体系。

（4）在广泛借鉴现有政府采购电子化系统的基础上，构建政府采购电子化招投标系统的功能框架结构。

第2章
政府采购理论

2.1 政府采购制度发展简述

2.1.1 政府采购制度在国外的发展

发达国家的政府采购制度是在市场经济的条件下不断演变而产生的。当国家处于市场经济初级阶段时，各级政府基本上不参与、不干预一般的经济活动，各级政府在有限的范围内承担公共工程和物资采购，这时的政府采购市场还不发达、不完善，当然政府采购制度也不健全。但是到了现代市场经济阶段，各级政府在广泛的领域内运用经济手段和法律手段来干预国民经济活动，其中重要方式之一就是利用财政支出兴办公用事业，到此时政府采购制度才得到发展和完善。所以，也可以这样说政府采购制度是现代市场经济发展的产物。

英国政府在1782年成立了国家文具公用局，专门负责采购政府行政机关所需的办公用品，该部门后来逐渐演变为物资供应部，它依然负责采购政府各部门所需的物资。① 后来，英国的政府采购法律主要有1991年12月制定的

---

① 王亚琴. 政府采购与行政权利救济［M］. 北京：人民法院出版社，2004.

《英国公共工程合同规则》、1993 年 1 月制定的《英国公共设施供应的公用事业工程合同规则》和 1993 年 12 月制定的《英国公共服务合约法规》等。1999 年，英国财政部成立政府商务办公室（Office of Government Commerce, OGC)，主要协调政府采购活动，促进高效的政府采购行为以及监督政府采购项目的开展。2000 年英国又在政府商务办公室下成立了执行机构：采购服务局（Buying Solutions）。2006 年，英国制定了《公共合同法规》和《公用事业合同法规》以及后续的修订案。

美国是世界上最早对政府采购进行立法的国家，于 1761 年就颁布了《联邦采购法》，这对世界政府采购立法产生了深远的影响。1795 年，美国通过了第一部综合性采购法律——《公共货物供应商法》。1947 年和 1949 年美国国会先后通过了《武装部队采购法》和《联邦财产与行政服务法》，确立了采购的方法和程序；1962 年通过了《合同竞争法案》，特别强调公开竞争对于政府采购制度的重要意义；1974 年颁布《联邦采购局政策法案》，1984 年 4 月 1 日颁布《联邦采购条例》，要求联邦政府的所有行政机构都必须按照法律规定实施采购。总起来看，美国并未制定一部专门的政府采购法规范政府采购行为，而是颁布了多部法律规范政府采购的各个方面。

欧盟委员会于 1992 年颁布了《关于协调公共服务采购程序的指令》、1993 年颁布了《关于协调公共货物采购程序的指令》和《关于协调公共工程采购程序的指令》，欧洲议会和欧盟委员会于 1993 年重新颁布了《关于协调公共工程、货物和服务采购程序的指令》和《关于协调供水、能源、交通和邮政服务程序的指令》等用于规范政府采购行为。当前，欧盟仍然在不断更新和修订政府采购领域的相关法律法规，使之能够跟上时代不断发展的步伐，适应现代公共采购的需要。

1994 年联合国贸易法委员会通过了《货物、工程和服务采购示范法》及《货物、工程和服务采购示范法立法指南》。同年，部分世界贸易组织（WTO）的成员签署了《政府采购协议》（Government Procurement Agreement, GPA）。

无论是发达国家还是发展中国家政府采购时至今日已经成为一种政府参与经济活动的方式，它在国民经济宏观调控、促进经济结构调整、积极引导投资方向、推进政府廉政建设等方面日益发挥着重要作用。

2.1.2　政府采购制度在我国的发展

近代中国虽然也有类似于政府采购的行为，但对这种采购行为并没有明确的制度规范。新中国成立后，我国实行高度集中的计划经济体制，即使有政府采购，采购规模也不大，采购范围也很窄，并且是分散进行的，更没有统一的法律规范。改革开放之后，尤其是中共十四大确立社会主义市场经济体制之后，我国市场经济不断发展，政府采购范围也逐渐扩大，与之相适应的法律制度才逐渐形成。

在我国，具有现代意义的政府采购活动，开始于 20 世纪 80 年代。1980 年 10 月 17 日，国务院出台了《关于开展和保护社会主义竞争的暂行规定》，提出为了改革现行的经济管理体制，进一步开展社会主义市场竞争，对一些适宜于承包的生产建设项目和经营项目，可以试行招标、投标的办法。

1984 年 9 月 18 日，国务院出台了《关于改革建筑业和基本建设管理体制若干问题的暂行规定》，提出大力推行工程招标承包制，以鼓励竞争，防止垄断。

但是从财政视角分析，真正意义上的政府采购活动开始于 1995 年。上海市财政局和卫生局在 1995 年 3 月 31 日联合签发了《关于市级卫生医疗单位加强财政专项修购经费管理的若干规定》，对采购立项、采购形式、价款支付、验收以及效益评价等具体活动进行了规范。

1998 年 10 月 27 日，深圳市率先制定了《深圳经济特区政府采购条例》，该地方性法规出台以后，河北、上海等省市，也先后出台了关于政府采购管理的地方性法规。1998 年，国务院明确规定财政部门是各级政府采购的主管部门，初步构建起政府采购管理机构及执行机构，从此，财政部门正式成为各级政府采购主管部门，开始发挥对政府采购活动的监督管理职能。

1999 年 4 月 17 日，财政部正式发布《政府采购管理暂行办法》，在立法层级上，是政府采购方面的第一部行政规章。此后，财政部又陆续颁布了有关招标投标管理及中央机关单位政府采购管理等一系列规章制度。此后不久，各级地方政府也陆续开始制定了相应的实施办法，这些实施办法为政府采购的规范运行提供了较为有效的制度保障，这也标志着政府采购的原则框架基本形成。以此为基础，九届全国人大常委会开始组织相关部门组建《政府采购法》起草领导小组，标志着我国政府采购立法工作已正式启动。

1999 年 8 月 30 日，九届全国人大常委会第十一次会议通过了《中华人民共和国招标投标法》（于 2000 年 1 月 1 日正式施行）。2002 年 6 月 29 日，九届全国人大常委会通过了《中华人民共和国政府采购法》（于 2003 年 1 月 1 日正式施行），标志着我国政府采购工作正式走上了法治化轨道。

2007 年 12 月 28 日，财政部部长代表中国政府向世界贸易组织（WTO）秘书处提交了加入 GPA 申请书和初步出价清单，标志着我国正式启动了加入 GPA 的谈判。2010 年 7 月 9 日提交了第二份出价清单，标志着中国加入 GPA 的进程加快。随着谈判的深入和国内改革的进展，我国对出价清单又进行了 5 次修改。2019 年 10 月 20 日我国提交了第 7 份出价，开放范围不断扩大。目前，我国仍然与 GPA 各个参加方积极开展谈判。在协议的基础上，我国的政府采购法律制度具有国际特征，这也成为法律体系的重要组成部分。

2.2 政府采购理论发展简述

2.2.1 政府采购理论研究在国外的发展

政府采购的概念最早出现在 18 世纪末到 19 世纪初的西方资本主义国家，在亚当·斯密（Adam Smith，1776）的《国富论》中就可以看到它发展的萌芽。此书将政府采购作为一种对公共财政支出进行管理的制度的总称。

福布斯（Forbes，1929）的《政府采购》是政府采购理论史上的第一部政府采购理论专著，此书主张政府采购必须建立职业化队伍，必须严格选聘采购官员，并总结出了集中采购的优缺点。

鲍莫尔（Baumol，1947）在《经济学》杂志发表了题为《政府购买论》的论文，在政府采购理论史上第一次深入探讨了宏观经济和公共支出与政府采购的相互关系。在文中，他还将政府购买方法分为四种，并且认为不同的政府购买方法对宏观经济运行效果的影响不同。

布坎南（1991）在《公共财政》中提出了寻租理论，这一理论代表了公共选择学派的主张，他们反对盲目利用政府刺激经济发展。而且还必须制定周密而严格的采购程序，从制度上最大限度地防止政府采购腐败的发生。另外要使政府采购有效率，还要求社会公众对它实施有效的监督。

美国斯坦福大学教授拉马尔·李和科罗拉多州立大学教授唐纳德·杜布勒（Lee and Dobler，1977）出版了《采购和物料管理》，该书写到应由政府采购部门推选有经验的私人采购员来从事政府采购工作，而不应该由政府部门直接任命，并比较了政府采购与私人采购的异同。

美国采购专家佩奇（Page，1980）出版了《公共采购物料管理》，书中从公共采购的过程管理以及对市场的作用等视角，深度分析了公共采购与私人采购的区别。

麦克阿菲和麦克米兰（Mcafee and Mcmillan，1989）在《国际经济学》杂志发表了《政府采购和国际贸易》，从国际贸易视角，探讨了政府采购在国际贸易中的作用。他们还研究出，政府采购市场是不完全竞争市场，并深入阐述了可以利用价格手段使政府采购成本降到最小化。

普雷姆詹德（Premchand，1993）在《公共支出管理》中，深入探讨了政府采购有利于提高采购支出效益，并从组织管理学的视角对政府采购作了综合探讨。他认为：资源的合理分配和有效利用是公共支出管理的核心，还比较了中央计划经济和市场经济条件下政府采购的区别。

美国匹兹堡大学教授麦肯尼（Mckinney，1995）出版的《公共部门和非营利机构的有效财务管理》，提出了控制与防范采购代理公司舞弊问题的解决方案。

随着政府采购活动的不断推行和相关研究的日益丰富，关于评标方法和利用系统方法进行量化分析的问题越来越受到学者和各相关主体的重视。马尔卡特和姜炳圭（Malkat and Kang，2012）在《招标评标方法的整合》一文中，详细地概述了近二十年来，公共采购招标方法和评标方法的发展状况和趋势。

近年来，世界上越来越多的政府工程类项目评标中采取多因素的综合评标法。海达里和卢科普洛斯伯里克利斯（Heidari and Loucopoulos，2013）详细总结了 2006～2010 年美国工程项目的评标方法，从中发现应用多因素综合评标法的比例在逐年增加。西帕希和埃森（Sipahi and Esen，2010）在多标准评标模型的基础上，运用层次分析法（AHP）在互相冲突的评价因素中找到平衡点，此项研究将多层次评价标准转变成一个分层的形式，从而将它们的相对权重合成为投标人最终的排名。

2.2.2 政府采购理论研究在国内的发展

当前，我国的政府采购实践已有 40 多年的时间并且采购规模不断增大。近年来，伴随着市场经济的迅速和高质量发展，我国的改革步伐也在不断加快。其中，社会公共财政支出发挥的作用越来越明显，其地位也在一步步提升，在这种情况下，公共支出的范围、规模、结构和绩效因而受到广泛关注，政府采购的相关研究也成为学术界的热点。

在王亚星（2003）的《中国政府采购的市场化运作》一书中，明确提出了政府采购是用国家财政资金采购货物、工程和服务的经济行为，并强调在政府采购过程中应该遵循公平、公开、公正、竞争性和高效性等原则。

政府采购专家徐瑞娥（2001）、王敏（2000）、卫晓雷（2000）通过理论和实践研究指出，当前我国政府采购中存在着诸多问题，如立法滞后、资金使用效率低、暗箱操作、缺少专门的高素质采购人才、信息发布渠道和操作不规范、地区封锁和行业垄断等问题。

我国的许多学者还成功借鉴了国外的政府采购经验，主要体现在以下几部著作中：王长江（1998）的《政府采购制：国际经验及其借鉴》、李宝民（1999）的《政府采购制度的国际比较及对我国的启示》、王淑杰和高奎明（2000）的《我国与 WTO 成员政府采购制度比较分析》等。

徐培强（2004）对工程建设项目的评标方法进行了系统研究，详细阐述了我国近些年来使用的评标方法，包括单项评议法、综合评价法、最低标价法和价值工程法等，文中还分析了各种评标方法的特点、适用范围及各种评标方法的优缺点，并利用具体的工程实例进行了比较分析研究。

文英、牛霞（2005）对价格、信誉、服务等复合性指标进行了细化分解，提出建立全面综合的评标指标库，为政府采购评标制定了理论框架体系。黄锦明（2005）从时间和成本两方面入手，构建了政府采购运行效率的评价指标体系。张水波等（2005）构建了以商务指标、技术指标和管理指标为分类的评标指标体系。谢建锋（2006）对政府采购评标体系进行了定性分析。张高攀（2009）总结构建出在政府采购过程中进行供应商选择的指标体系。

王远（2009）运用专家咨询法和层次分析法（AHP）构建了政府绿色采购指标体系。随着决策科学的发展，学者们越来越多地将评价决策的数学方法运用到评标决策中，这些方法包括层次分析法、模糊综合评价法、神经网络分析法等。魏巍（2011）指出，投标方案涉及资金投入、项目实施效率和效益等多个方面，政府采购的评标决策是一个多目标决策问题，需要通过模糊综合评价方式评标。张士彬（2012）提出以多属性决策理论和群决策理论为基础的综合评标方法。舒欢、宁敬博（2015）提出层次分析法组合熵法确定各评价指标的组合权重，再结合 TOPSIS（Technique for Order Preference by Similarity to an Ideal Solution）法对政府工程采购各备选方案进行评价选择。赵莉（2016）提出基于动态权重系数修正的供应商评价方法，此方法同时兼顾了属性权重和专家权重的修正，能有效简化计算过程。

徐盛国、屈金凤等（2016）的《政府绿色采购产品技术指标体系设计研究》一文认为要完善政府绿色采购的执行机制，探索建立了政府绿色采购的绩效考评制度，规范政府采购部门采购人员的行为，规范政府采购程序，并对整个过程进行控制和监督，发现问题及时解决。还考虑制定绩效考核和评价方法并纳入年度考核。

2.3 政府采购的概念

2.3.1 政府采购的含义

政府采购作为一种先进的公共财政支出管理制度和方法，到目前为止，世界各国和组织对其仍然没有统一的定义。在我国理论界现存两种代表性观点：一种是"购买支出论"，即把政府采购等同于政府的购买性支出，认为"政府采购是各级国家机关和实行预算管理的政党组织、社会团体、事业单位，使用财政性资金获取货物、工程或服务的行为"①。另一种是"采购制度论"，即把政府采购等同于实施政府采购制度之后的政府采购，认为"政府采购也称公共采购，是指各级政府及其所属机构为了开展日常政务活动或为公众提供公共服务的需要，在财政的监督下，以法定的方式、方法和程序，对货物、工程和服务的购买"②。本书对"政府采购"的理解，是按照《中华人民共和国政府采购法》中的界定："是指各级国家机关、事业单位和团体组织，使用财政性资金采购依法制定的集中采购目录以内的或者采购限额标准以上的货物、工程和服务的行为。"其中政府采购法所称采购是指以合同方式有偿取得货物、工程和服务的行为，包括购买、租赁、委托、雇用等。政府采购法所称货物，是指各种形态和种类的物品，包括原材料、燃料、设备、产品等。政府采购法所称工程，是指建设工程，包括建筑物和构筑物的新建、改建、扩建、装修、拆除、修缮等。政府采购法所称服务，是指除货物和工程以外的其他政府采购对象。③ 具体可分为三类：第一类是保障政府部门自身正常运转需要向社会购买的服务。如公文印刷与装订、物业管理与服务、公车租赁与运输、系统维护与更新等；第二类是政府部门为履行宏观调控、市场监管等职能需要向社会购买的服务。如法规政策、发展规划、标准制定的前期研究和后期宣传以及法律咨询等；第三类是增加国民福利、受益对象特定，政府向社会公众提供的公共服务。包括：以物为对象的公共服务，如公共设施管理服务、环境服务、专业技术服务等；以人为对象的公共服务，如教育、医疗卫生和社会服务等。

2.3.2　政府采购的特征

政府采购与企业采购的行为有许多方面的相似性，但是政府采购与企业采购相比较，又有自己鲜明的特征。政府采购具有以下显著特点：

---

① 王家林. 政府采购立法与财政法制建设［M］. 北京：中国财政经济出版社，2002.
② 陈维峰. 我国政府采购管理模式及运行机制研究［D］. 长春：吉林大学，2019.
③ 参见《中华人民共和国政府采购法》第一章第二条。

2.3.2.1 政府采购主体的特定性

政府采购主体是政府采购当事人之一，又称政府采购人，政府采购主体除了各级政府以外，还包括其他国家机关、事业单位和团体组织，但不包括国有企业，其范围比通常意义上的政府要大。国家机关包括立法机关、行政机关、监察机关、审判机关、检察机关和军事机关，如政府、人大、法院、检察院等。事业单位是以政府职能、公益服务为主要宗旨，由国家机关举办或者其他组织利用国有资产举办的社会服务组织。具体包括教育、科技、医疗、卫生、体育、文化等诸多领域，如学校、科学院、医院、全民健身服务中心、图书馆等。团体组织是公民自愿组成，为实现会员共同意愿，按照其章程开展活动的非营利性社会组织，如企业联合会、行业协会、专业学会等。

2.3.2.2 政府采购资金来源的公共性

政府采购的资金是指采购主体获取货物、工程和服务时支付的资金，包括财政性资金（预算资金和预算外资金）和与财政性资金相配套的单位自筹资金。预算资金是指财政预算安排的资金，包括预算执行中追加的资金。预算外资金是指按规定缴入财政专户和经财政部门批准留用的未纳入财政预算收入管理的财政性资金。单位自筹资金是指采购主体按照政府采购拼盘项目要求，按规定用单位自有资金安排的资金。这些资金的最终来源是纳税人的税收和公共服务收费，而企业采购的资金来源于采购主体的自有资金。根据以上叙述理解，如果采购人使用的不是财政性资金，就无须适用政府采购法。从而，我们也可以这样说，政府采购和企业采购的区别正是采购资金来源的不同。

2.3.2.3 政府采购活动的非商业性

政府采购属于非商业性采购，它不是以营利为目的，政府采购的目的是为各级政府及其所属机构和相关组织开展日常职能活动或者为社会公众提供服务，政府采购的货物、工程和服务不是为了经营和转售，这一点与企业采购有着本质的区别。同时，政府采购更加注重社会效益。

2.3.2.4 政府采购对象的广泛性

政府采购的对象种类繁多，既有标准化产品也有非标准化产品，既有有形产品也有无形产品，既有价值高的产品也有价值低的产品，既有民用产品也有军用产品；既可以大到宇宙空间站，也可以小到一张办公用纸、一枚螺丝钉。为了便于理解和统计，国际上通行的做法是按产品性质将采购对象分为三大类，即货物、工程和服务。

2.3.2.5 政府采购的政策性

政府采购主体在采购时不能体现采购人员的个人偏好，必须遵循国家政策的要求是政府采购行为的又一个显著特征。政府采购作为公共支出管理的重要环节，是国家管理经济的有效手段。例如，为了保护民族企业发展，政府采购主体应当采购本国的货物、工程和服务；为了促进民众就业，政府采购主体应该要求获得较大合同的供应商，必须安排适当数量的失业人员就业；为了节约资源能源，保护生态环境，政府采购主体必须购买节能、环保产品；为了扶持中小企业，政府采购主体可以将部分小额采购合同向这些企业倾向；为了节约财政资金，政府采购主体可以采用公开招标方式采购以获得最大优惠。政府采购行为还可以配合实现国家其他经济政策，同时也能加强国际经济合作、促进国际经济共同发展等。

2.3.2.6 政府采购的规范性

政府采购是一项涉及方方面面的综合性、全方位、系统性的工作。因此，政府采购工作需要通过一套法定的、完整的、严格的采购程序来完成，以实现财政资金的最有效利用。在这种情况下，政府采购监督监管部门应当对政府采购的各项工作进行全面规范，使政府采购工作严格按照规章制度有序进行。即政府采购的每个过程、部门、步骤、方法甚至到每个细节，包括组织内部、组织与组织之间都要相互协同和牵制；既要有事中控制，又要有事前计划和事后分析与反馈，还要接受全社会的监督。

2.3.2.7　政府采购影响力大

政府采购不同于一般的个人采购、家庭采购和企业采购，政府采购最主要的主体是各级政府，有可能是一个国家最大的单一消费者，因此其购买力巨大。2020 年我国政府采购规模为 36970.6 亿元，占全国财政支出和 GDP 的比重分别为 10.2% 和 3.6% 。[①] 因此，政府采购对社会经济有着非常大的影响。采购规模的扩大或缩小、采购结构的变化都将对整个社会经济发展产生举足轻重的影响。

2.3.3　政府采购的原则

政府采购应当遵循公开透明原则、公平竞争原则、公正原则和诚实信用原则。

2.3.3.1　公开透明原则

公开透明原则是指有关政府采购的法律、政策、程序和政府采购活动都要对社会公开，所有相关信息都必须公之于众。这些信息包括政府采购意向信息、招标信息、招标更改信息、中标或成交结果信息等要公开，开标、唱标活动要公开，投诉处理结果或司法裁定等都要公开。在政府采购中贯彻公开透明原则，有助于提高政府采购的效率，有助于减少和消除"暗箱操作"给国家和公民利益带来的损害，使得政府采购成为真正的"阳光下的交易"。

2.3.3.2　公平竞争原则

公平竞争原则是指在政府采购活动中，要求确保公平的前提下积极引入竞争机制。进一步可以分为公平性原则和竞争性原则。公平性原则包含两层含义：一是机会均等，即政府采购主体对所有参与投标的供应商，不得无故排斥、甚至取消资格；二是待遇平等，即政府采购主体对所有参与投标的供

---

① 2020 年全国政府采购简要情况 ［EB/OL］. 财政部网站，http：//www. mof. gov. cn/jrttts/202109/t20210903_3750627. htm，2021 - 09 - 03.

应商都要一视同仁，不得区别对待，对他们的资格审查的标准要一致，发布的信息要相同。竞争性原则是提高政府采购效率的有效手段。通过供应商之间的激烈竞争，能使最优秀的供应商胜出。公平竞争原则能够推进我国政府采购市场向竞争更为充分、运行更为规范、交易更为公平的方向发展。

2.3.3.3 公正原则

公正原则主要指具有决策权、评判权或评价权的人员或机构应站在中立、公允、超然的立场上，坚持所持标准和原则，对待客体要一视同仁。政府采购主体、采购代理机构对待所有供应商要一视同仁；评标专家的选择应该有严格的程序和标准，评标专家要严格按照统一的标准评定中标供应商，不得存在主观倾向；政府采购监督部门对整个采购过程要严格把关，评价要客观合理。

2.3.3.4 诚实信用原则

诚信信用原则要求政府采购的一切参加者在不损害他人利益和社会公益的前提下，追求自己的利益。具体体现在：政府采购主体或代理机构在确立采购项目、发布招标公告、组建评标委员会、评标审标过程中各种活动要真实，不得掺假和隐瞒；供应商在提供产品和服务、建设工程达到投标时的承诺，不得存在欺诈、伪造、偷工减料等行为；监督部门要严格按照标准执行，不得存在隐瞒、串通等行为。政府采购各方坚持诚实信用原则，能够增强社会公众对采购过程的信任。

2.3.4 政府采购的方式

《中华人民共和国政府采购法》第二十六条规定，政府采购采用的方式有：①公开招标；②邀请招标；③竞争性谈判；④单一来源采购；⑤询价；⑥国务院政府采购监督管理部门认定的其他采购方式。[①] 公开招标应当作为政府采购的主要采购方式。政府采购主体在选择政府采购方式时，请参考如图 2.1 所示的流程执行。

---

① 参见《中华人民共和国政府采购法》第三章第二十六条。

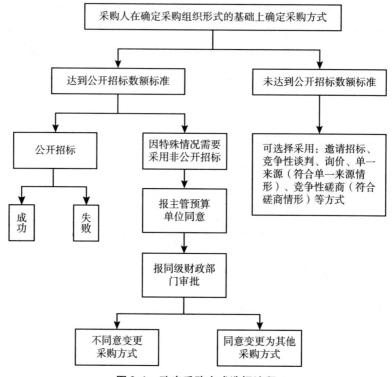

图 2.1　政府采购方式选择流程

政府采购方式选择需要注意的事项或者特殊情况包括：

（1）若政府采购数额达到公开招标数额标准，却因特殊情况需要采用非公开招标方式采购的情形，采购预算单位需填写《政府采购特殊事项审批表》并附相关证明材料，经主管采购预算单位审批同意后，报同级财政部门审批方可进行采购。

（2）若政府采购数额未达到公开招标数额标准，符合《中华人民共和国政府采购法》第三十一条规定情形只能从某一特定供应商处采购货物、工程和服务，采购预算单位拟采用单一来源方式进行采购的，只需备案政府采购计划，无须审批。

（3）公开招标数额标准。《地方预算单位政府集中采购目录及标准指引（2020 年版）》规定：中央政府采购预算单位政府采购货物或服务项目，单项采购金额达到200万元以上（含200万元）的，必须采用公开招标方式；政府采购工程以及与工程建设有关的货物、服务公开招标数额标准按照国务院有关规定执行。①

（4）各级地方政府应当根据《中华人民共和国政府采购法》《中华人民共和国招标投标法》《中华人民共和国政府采购法实施条例》等有关规定可以自行制定公开招标数额标准。

2.3.4.1 公开招标

公开招标是政府采购的主要采购方式，是指采购人按照法定程序，通过自己或代理机构发布招标公告，所有潜在的不特定的供应商参加投标，采购人自己组建或通过代理机构组建评标委员会按照事先确定的评标标准，经过预审、评标和终审从所有候选供应商中择优评选出中标供应商，并与中标供应商签订政府采购合同的一种采购方式。公开招标体现了公开、公平、公正的原则。公开招标的具体数额标准，前面已经论述，当前主要参考最新版的《地方预算单位政府集中采购目录及标准指引（2020 年版）》中的规定。另外，采购人不得以任何非法方式规避或实施公开招标采购。公开招标工作流程见图 2.2。

2.3.4.2 邀请招标

邀请招标和公开招标本质区别是只有收到采购人邀请函的供应商才有资格参加的招标采购形式，所以又称选择性招标。它是由采购人或委托代理机构根据供应商资质和业绩信息，选择一定数目的供应商（一般不少于 3 家），向他们发出投标邀请函，邀请其参加投标竞争，再组建评标委员会评标，从中选定中标供应商的一种采购方式。符合下列情形之一的货物或服务采购，可考虑采用邀请招标方式：①采购产品或服务具有特殊性，只能从有限范围的供应商处采购；②采用公开招标方式的成本占政府采购项目总价值的比例过大，而导致采用公开招标方式不经济。邀请招标工作流程见图 2.3。

---

① 财政部关于印发《地方预算单位政府集中采购目录及标准指引（2020 年版）》的通知［EB/OL］. 财政部网站，http://www.mof.gov.cn/gkml/caizhengwengao/202001wg/202001wg/202005/t20200522_3518625.htm，2019 - 12 - 31.

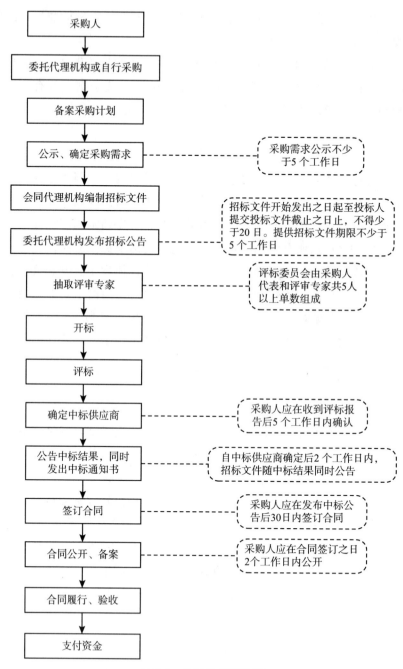

图 2.2 公开招标的流程

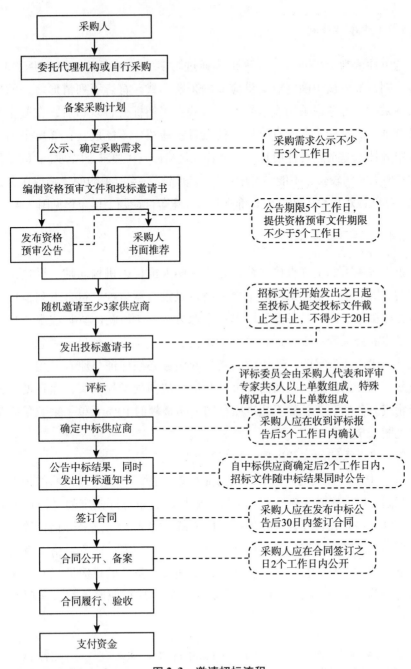

采购人

委托代理机构或自行采购

备案采购计划

公示、确定采购需求 ----- 采购需求公示不少于5个工作日

编制资格预审文件和投标邀请书

公告期限5个工作日，提供资格预审文件期限不少于5个工作日

发布资格预审公告 ｜ 采购人书面推荐

随机邀请至少3家供应商

招标文件开始发出之日起至投标人提交投标文件截止之日止，不得少于20日

发出投标邀请书

评标 ----- 评标委员会由采购人代表和评审专家共5人以上单数组成，特殊情况由7人以上单数组成

确定中标供应商 ----- 采购人应在收到评标报告后5个工作日内确认

公告中标结果，同时发出中标通知书 ----- 自中标供应商确定后2个工作日内，招标文件随中标结果同时公告

签订合同 ----- 采购人应在发布中标公告后30日内签订合同

合同公开、备案 ----- 采购人应在合同签订之日2个工作日内公开

合同履行、验收

支付资金

图 2.3　邀请招标流程

2.3.4.3 竞争性谈判

竞争性谈判指采购人或代理机构通过与多家供应商（一般不少于 3 家）进行谈判，最后从中确定成交供应商的采购形式。符合下列情形之一的货物或服务采购，可考虑采用竞争性谈判方式：①招标公告发布后，在截止时间内没有供应商投标或者没有合格标的或者重新招标不能成立；②所采购的货物或服务技术复杂或者性质特殊，其详细规格或具体要求难以确定；③采用招标方式所需时间较长，不能满足用户的紧急需要；④所采购的货物或服务过于复杂，不能或难以事先计算出其价格总额。竞争性谈判工作流程见图 2.4。

2.3.4.4 单一来源采购

单一来源采购也称直接采购，是指采购人或代理机构向唯一供应商进行采购的方式。单一来源采购最主要的特点是没有竞争性。符合下列情形之一的货物或服务采购，可考虑采用单一来源方式：①所购的货物或服务只能从唯一供应商处采购；②在进行采购活动时，发生了不可预见的紧急情况，不能从其他供应商处采购；③所购的货物或服务必须保证与原有采购项目一致性或服务配套的要求，从而需要继续从原供应商处增加购买，而且增加购买的货物或服务的资金总额不超过原合同采购金额的 10%。单一来源采购工作流程见图 2.5。

单一来源采购的注意事项：

（1）中央及各级地方政府规定的能从某一特定供应商处采购的情形，都不尽相同，以海南省为例，在海南省财政厅与省审计厅制定的《海南省省级单一来源采购方式管理暂行办法》① 中有 15 种情形：一是公开招标等方式失败且投标截止时间结束后参加投标的供应商只有一家，或者资格审查后符合资格条件的供应商只有一家或者在评标期间符合条件的供应商只有一家，需要变更为单一来源采购方式的；二是带有垄断性质行业服务类采购项目，只

---

① 海南省财政厅 海南省审计厅关于印发《海南省省级单一来源采购方式管理暂行办法》的通知［EB/OL］. 海南省财政厅网站，http：//mof. hainan. gov. cn/sczt/0503/201801/2660072a0e8248b0aa 7f27a57b77fe16. shtml，2018－01－30.

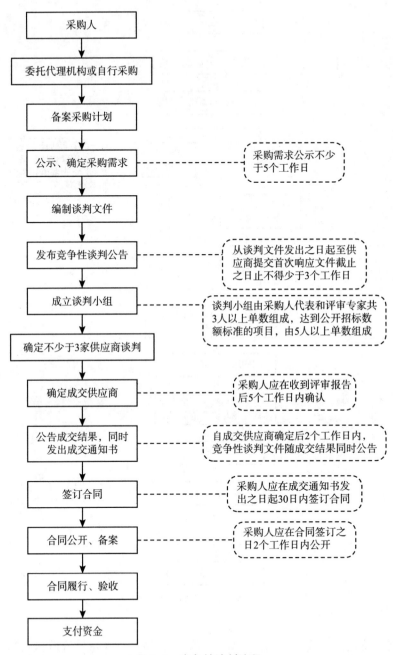

图 2.4 竞争性谈判流程

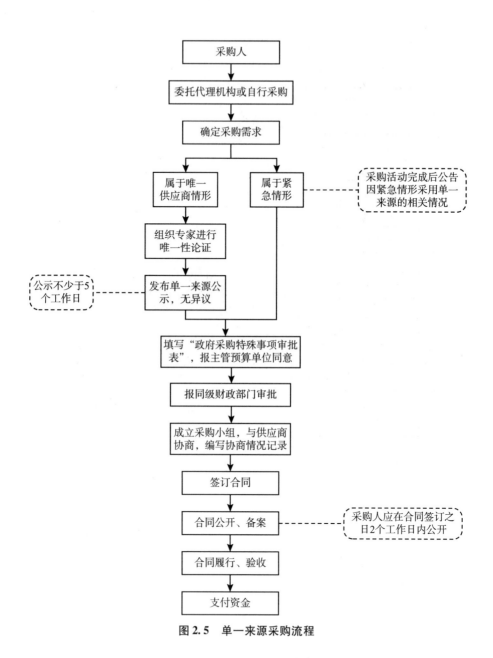

图 2.5　单一来源采购流程

能从某一特定供应商处采购的，如通信管网、煤气、天然气管道租用和维护、邮政投递等；三是在全国、全省性主流媒体发布广告、信息，特殊地段（机场、车站）广告；四是发表论文、文章，出版图书；五是需要考虑地段等因素的房屋购置和租赁，演出、展览、运动场馆场地租赁；六是委托单位或个人创作文艺作品、节目排演等；七是需向个人收集的属于海南省特有的工艺品；八是软件开发项目需要原开发公司升级改造的；九是必须与原采购设备配套的，主要是指主机已经采购必须配备专用附属设备或附属设备已经采购需要继续采购原主机的；十是因落实促进残疾人就业政策的需要，采购残疾人福利单位产品的项目，且该产品在本省内只有唯一残疾人福利单位供应商的；十一是 2020 年底前，行政主管部门通过政府购买服务方式将公益二类事业单位承担并且适宜由社会力量提供的服务事项直接委托给某一特定事业单位的；十二是上级主管部门有跟标要求的；十三是省委省政府根据项目特殊情况同意将采购项目委托某一特定供应商的；十四是采购本部门、本单位设立企业生产的货物、提供的服务和零星维修工程的；十五是由于特殊原因或客观条件限制，只能从某一特定供应商处采购的其他情形。以上第十一至第十四种情形无须专家论证和公示。

（2）达到公开招标数额标准，拟采用单一来源采购方式的，应当符合"中央或各级政府单一来源采购方式管理暂行办法"规定的单一来源情形。

（3）未达到公开招标数额标准符合《中华人民共和国政府采购法》第三十一条规定情形只能从某一特定供应商处采购货物、工程和服务，拟采用单一来源方式采购的，只需备案政府采购计划，无须审批。[①]

2.3.4.5 询价采购

询价采购是指询价小组（由采购人按照相关规定组建）根据采购需求，向符合相应资格的供应商（一般不少于 3 家）发出询价单让其报价，由供应商一次报出最终价格，然后询价小组在此报价基础上进行选择比较，并确定最优供应商的一种采购方式。政府采购法规定实行询价采购方式的情形，需要符合所采购的货物规格、标准统一、现货货源充足且价格变化幅度小的政府采购项目。询价采购工作流程见图 2.6。

[①] 以上流程不适用于涉密项目采购。

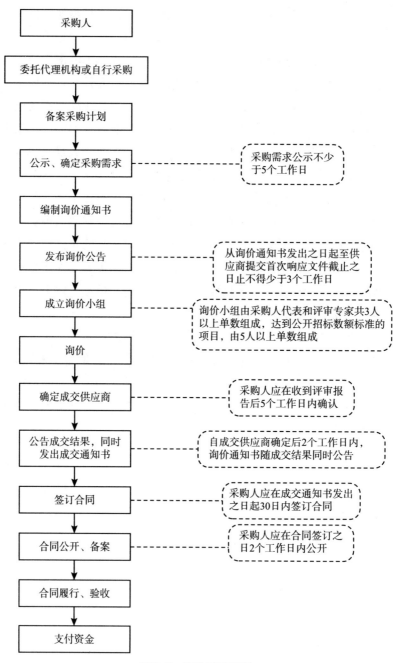

图 2.6　询价采购流程

2.3.4.6 其他采购方式

《中华人民共和国政府采购法》第二十六条规定的政府采购采用方式是公开招标、邀请招标、竞争性谈判、单一来源采购、询价和国务院政府采购监督管理部门认定的其他采购方式。这里的其他采购方式可以考虑协议供货、定点采购、网上采购等。在此重点探讨一下协议供货方式，网上采购在后面的第 9 章政府采购电子化系统里详细介绍和探讨。

1. 协议供货的概念与实践过程。

我国政府采购采用协议供货的方式起因于政府采购面临的实际问题，首先由中央机构试行并实施，并将名称定义为"协议供货"方式。在我国的政府采购领域，协议供货方式是一种区别于《中华人民共和国政府采购法》规定的五种采购方式之外的创新模式。

财政部于 2002 年将中央机关单位部分计算机、打印机采购纳入联合集中采购目录，从此开启了政府采购协议供货的实践。2004 年 8 月 11 日财政部发布的《政府采购货物和服务招标投标管理办法》第 85 条规定"政府采购货物服务可以实行协议供货采购和定点采购，但协议供货采购和定点供应商必须通过公开招标方式确定"。从而，《政府采购货物和服务招标投标管理办法》为协议供货采购和定点采购提供了制度保障，明确它是与公开招标不同的一种采购方式，更为政府采购实际参与者持续探索和实践协议供货打下基础，并为理论界研究和探索分析提供了制度支撑。

2020 年 12 月 22 日，财政部发布了《政府采购框架协议管理办法（征求意见稿）》，在立法层面给出了正式定义："本办法所称框架协议采购，是指采购人或者集中采购机构针对一定时期内的采购需求，通过公开征集的方式，确定多个符合条件的供应商入围并与之签订框架协议，在实际需求发生时，由采购人或者公共服务项目的服务对象按照框架协议约定的规则，在入围供应商范围内确定成交供应商并授予合同的采购方式。"

截至目前，协议供货采购方式已经成为我国中央机关及各级地方政府采购普遍使用的方式。

2. 协议供货的特征。

协议供货方式是采用框架协议方式采购的总称，在具体实际操作过程中还有各种不同的类型与模式。就目前我国各级政府采购采用的协议供货方式来看，其核心内容是通过协议方式，授予签订协议的供应商供货的权利和资格。即在特定时期内，协议供应商有资格向政府采购人提供其货物或服务。归纳起来，协议供货方式主要有以下几个明显的特征。①

（1）定货不定量。这里的"定货"，是指采购人首先确定采购标的物，即政府采购人需要的货物、工程、服务的项目与品种。由于协议供货方式的特殊限定性，这种政府采购方式通常需要首先选择并确定适合的采购标的物。这里的"不定量"，是指在授予供应商供货权利和资格时，只确定供货资格，不确定采购人的实际采购数量。总之，协议供货方式只确定采购标的物并不确定采购数量。

（2）定折不定价。这里的"不定价"就是不确定标的物的价格，是因为协议供货方式只是授予供应商一定时期内的供货资格，然而还不能确定供货的数量和具体的供货时间，因此在市场产品或服务价格瞬息万变的情况下，供货协议不可能规定确定的标的物价格。为此，在供货授权协议中，通常规定采取以正式供货时的市场价格为基准，并确定标的物的市场价格固定的折扣比率的方式供货。例如某标的物供货时的市场价格为 100 元/件，按照供货协议采取 9 折定价，所以真正的供货价格为 90 元/件。

（3）定期不定时。这里的"定期"，是指确定授予供应商供货资格的时间区间。政府采购采取协议供货方式时，必须有一个确定的供货时间区间，即在一定时期内，形成的有效合同和协议。政府采购协议供货时间区间的长短，涉及采购成本和效果、采购货物或服务选择的范围、供应商公平竞争等多方面的问题。一般情况下，当协议约定的授权供应合同时间到期时，采购人或政府采购机构必须通过公开的方式，重新选择和授权供应商供货资格。这里的"不定时"，是指虽然确定在一定时期内供应商有供货的资格，但采购人并不确定在何时向供应商实施采购，还有一种极端情况，供应商虽然获得了供货资格，但最终采购人并没有实施采购。总之，供应商在确定的时间区间里有供货的资格，但供货时间并不能确定，最终能不能供货也不能确定。

（4）"入围"再选择。这里的"入围"，是指供应商获得了供货资格，即

---

① 徐焕东. 政府协议供货采购方式的特点与作用［J］. 中国政府采购，2021（3）：75 – 78.

通过公平竞争方式进入了被授予供货资格的范围。"再选择"是指采购人发生采购时，再在入围的供应商中按照标准进行再次选择。换句话说，这个过程分为两步：首先供应商按照评选规则取得供货资格，并且供应商的数量多于一家；然后在采购人发生采购时，从这些入围供应商中按照一定标准进行再筛选。

2.3.5 政府采购的程序

政府采购的程序是指为实现政府采购的目标，根据所确定的政府采购方式的特点，由法律规定的执行该政府采购方式所应遵循的详细步骤。

不同的采购方式一般有不同的采购程序，但总体而言，任何一项政府采购都大概要经历以下几个步骤：①

2.3.5.1 制订采购需求计划，公开采购需求

政府采购部门（采购人）按照政府采购法规和政府经济政策的需要，在既定的采购原则下，制定合适的采购目标。采购需求计划要明确采购的政策、采购达到的目标、采购的各项规则、采购坚持的原则、选用的采购方式、采购进行的程序、采购参与的人员，以及采购合同的主要内容甚至部分细节都要在采购需求计划中确定下来。因此，政府采购部门在制订采购需求计划时，必须全面、细致、有序地进行。

在确定了政府的采购需求计划后，政府采购部门自己或委托代理机构向社会公开所需要的货物、服务和工程的相关信息，即采购公告。这些信息主要涉及所要采购的货物或服务的品种及性能，以及工程项目的基本信息。政府采购部门一般在其采购需求计划中进行两方面的说明：一方面是"功能说明"，即政府采购部门向供应商或承包商较详细地说明所需货物或服务的功能情况以及工程项目的基本情况，并要求供应商或承包商在提议中向政府表明并承诺其货物或服务以及施工资质能满足这些功能要求；另一方面是"设计说明"，即政府采购部门在采购之前要明确说明其如何进行采购。另外，

---

① 陈工. 政府预算与管理 [M]. 北京：清华大学出版社，2004.

政府采购部门还需要对其采购的货物或服务总数量、质量标准、交货期以及有效期等要求进行明确说明，而对工程的施工周期、施工标准、施工质量也要做相应的明确说明。这一步的主要目的是制订政府采购的总计划以及明确对供应商或承包商的具体要求。

政府采购部门以书面形式向供应商或承包商详细说明有关货物或服务及工程的技术要求，对于政府采购过程具有特殊的重要意义。因为技术说明书是政府采购部门向供应商或承包商提供的政府采购部门期望在供应商或承包商的投标书中获得技术参数的重要依据。还需要注意的是技术说明书规定的技术要求范围不能过于狭窄，也不能过于宽大或者过于模糊不清，否则有可能导致供应商或承包商提供的投标书答复的不一致或不标准，进而导致供应商或承包商的符合条件混乱，并有可能使供应商或承包商的选择范围太大，从而增加采购成本。因此在技术说明书中要融合足够多的细节，以使投标过程和投标文件标准化，并且这个过程要有充分的灵活性和敏感性，以使整个投标过程具有公平竞争的特性，这是非常重要的。

2.3.5.2 选择采购方式

前面已介绍过，政府采购的方式在《中华人民共和国政府采购法》中有明确规定，政府采购部门采用哪种方式进行采购，主要取决于政府采购活动能否通过公平竞争方式和效益效率最大化方式予以完成。一般而言，各级政府规定在政府采购数额达到一定数额以上时，必须实行竞争性招标采购方式；当涉及紧急情况下的采购或涉及高科技应用货物和服务的采购，可采用竞争性谈判采购方式；在垄断行业或保密行业，可采用单一来源采购方式；等等。总之，不同国家一般都对本国各级政府适用的采购方式及条件制定了详细规定，必须根据政府采购的性质、数量、时间要求等因素，以有助于推动信息公开透明和有序公平竞争等政府采购目标的实现和采购活动实施。

2.3.5.3 采购合同的签订

在采购合同签订过程中，政府采购部门通过在预审、考察、评估、选择、认定供应商或承包商后，并与选定供应商或承包商签署政府采购法律合同。被授予合同的供应商或承包商的资格预审必须合格，即具有政府供货资格的供应商，或相关资质的承包商，要按照事先公布的评审标准对其进行预先资格审查。供应商或承包商签订合同时必须按照标准缴纳一定数额的履约保证金，作为对履行合同规定义务的必要保证。

2.3.5.4 采购合同的执行

为了保证供应商或承包商按合同规定提供所需要的货物、服务或工程项目。政府采购部门以及监督机构必须对供应商或承包商提供的货物、服务或工程项目进行监理，这些货物、服务必须满足政府对质量、性能和数量上的要求，并保证按期交货；工程项目必须满足政府对施工过程、施工工期及施工质量的要求，并保证按质按时完成。因此，政府采购部门及监理机构还必须严格监督供应商或承包商履行合同，包括考察供应商生产过程、交货过程等情况，考察承包商施工过程、施工质量和施工进度，并时刻保持和政府部门的密切联系，监理机构一旦发现供应商或承包商有违反合同或对合同理解不明确的地方，要及时做出反应，向供应商或承包商提出质疑或协商解决。甚至供应商或承包商在履行完成合同后，仍需不断接受来自政府部门的反馈信息。此外，采购合同执行过程尤其是工程项目还包括验收、结算和效益评估等过程，并为以后的政府采购行为提供经验帮助。

第 3 章
政府工程采购评标体系理论

前面陈述的政府采购方面的研究，对于政府工程采购理论与实践同样适用。各国的招投标制度也都起源于政府采购的理论，由于工程采购的规模比较大，政府有能力集中采购；再者，政府采购能够给各供应商或承包商提供一个机会均等的平台，同时也可进行政府监督。随着政府采购的广泛应用和国际化环境的形成，全世界形成了一系列代表国际性和区域性的政府采购理论，其中也体现了政府工程采购的程序、方式、范围、原则，这些是政府工程采购理论研究的最新和最重要的成果。

3.1 政府工程采购的含义

3.1.1 政府工程采购的定义

政府工程采购，是指各级政府统筹财政资金新建、改建、扩建、技术改造建筑物及其附件的改造自然和社会环境的行为。政府工程采购的项目可以包括三大类：①大型基础设施，其中包括关系公共利益和公众安全的公用事业项目；②国际组织援助或外国政府贷款的项目；③政府主持兴办或投融资的项目。

虽然对于此概念我国在理论和实践方面有不同的看法，但从总的性质和表现形式上看，主要是政府全额投资或部分投资的工程项目。

政府工程采购过程和内容涉及工程项目的勘察、设计、施工、监理全过程中对工程设备、材料、物资等的采购，所以从内容上包括咨询采购、勘察采购、设计采购、施工采购、监理采购、物资采购的全过程。

3.1.2　政府工程采购的特征

政府工程采购具有政府采购特征的同时又具有其独特性[①]，主要表现为：

（1）固定性。工程项目通常是固定或安装在自然物或构筑物上，受到当时所在地气候、环境、社会、经济的影响和制约，不能任意移动改变。同时，也有很好的经久性和耐用性，具有很强的地域性特点。

（2）复杂性。工程采购全过程风险大、周期长、技术复杂、工艺要求高。采购过程中参与的人员众多，主要包括开发商、业主、施工方、监理机构、中介服务组织；采购过程中受外部因素制约大，如气象、地质、地形、水文等；采购过程中还要接受众多政府部门的监管，组织协调难度大。

（3）资金额巨大。政府工程采购项目一般均是关系国计民生的公用事业项目，关系公共利益、国家安全、宏观目标、社会保障，所以投资金额少则几十万元，多则上百亿元、千亿元。而且，近几年来呈现投资规模逐年递增的趋势。由于，投资规模大，需要滚动投资、分批划拨，从而造成了工程采购周期过长的现象。

（4）综合性。政府工程采购的过程和内容呈现普遍的综合性，政府工程采购的过程包括项目的勘察、设计、施工、监理全过程中对工程设备、材料、物资等的采购。这显然不是单纯的服务采购，其中还包括重要设备、材料、物资的采购；也不是单纯的货物采购，其中还包括咨询、勘察、设计、施工、监理等服务的全过程。因此，政府工程采购是货物采购和服务采购的综合体。其独特的综合性决定了一个采购过程的完成需要多种方式和方法，经历多个阶段。

[①]　刘凤海，刘宏. 政府采购招标策略［M］. 北京：兵器工业出版社，2007.

3.2 政府工程采购评标的含义

政府工程采购评标是指政府工程采购中心在采购人的委托下组织评标小组或评标委员会，在招标过程开标后根据招标文件的具体规定和要求对有资格的投标人编制并提交的投标文件进行比较、审查和评审的全过程。其中对于重大项目，在政府工程采购中心组织进行开标前，建筑工程招投标管理办公室应派人进行现场监督，参与现场监督的单位包括公证、审计、监察、财政。

评标委员会由专家和采购人的成员组成，其中专家应超过半数以上，专家是由政府工程采购管理办公室的工作人员在采购咨询专家库中随机抽取产生的，其中专家库的形成有严格的条件要求，包括专业、从业年限、资质、年龄、职称等。

3.3 政府工程采购评标办法设计

政府工程采购需要制定专门的评标办法，这样可以提高可操作性。评标办法必须公平、公正不得有任何暗示和歧视的条款；评标办法应当注意全面性，既考虑到共性又考虑到个性；为了准确判断投标文件之间的差异，评标办法应当科学合理；评标办法应当具有很强的可操作性，通俗易懂，又不失其应有的准确性。评标的基本问题在招标文件的投标须知中已有了一定的阐释，但它一般比较粗略，实际操作差，或操作起来伸缩性大，因而，制定科学合理的评标办法是完全必要的。在评标办法制定完成后，需报送有关政府工程采购管理机构审查认定。

3.3.1 政府工程采购评标办法的组成

政府工程采购中心参照国家建筑工程行业示范文本，并根据工程项目的具体情况和内容编制的评标办法，在内容上一般由以下几个部分组成：①评标原则；②评标组织；③评标程序；④评标方法；⑤评标的日程安排；⑥争议问题的澄清、解释和协调处理。

3.3.2　政府工程采购评标办法的编制

政府工程采购评标办法的编制遵循以下步骤：①制定组织的形式，确定组织成员和运行机制；②选定评标方法；③规定评标成员所需的基本活动原则和一般程序；④安排明确的具体日程等。

对编制评标办法的人员的资质也有严格的要求，其已被纳入了招标组织的资质范畴，由政府工程采购中心负责严格审核。在实践中，招标资质和制定评标办法的资质统一管理，二者没有详细划分。

3.4　政府工程采购评标组织

政府工程采购评标组织（评标小组或评标委员会）是在建设工程招投标管理机构监督下，由政府工程采购中心设立的负责评标的临时组织。评标组织在工程项目招标活动中具有十分重要的作用，它肩负着评标的重要使命，在评标过程中享有对投标文件提出询问、进行评审和否决，提出书面评标报告、推荐合格中标候选人，接受招标人授权直接定标等重要职权。因此，评标组织成员应当客观、公正地履行职务，遵守职业道德，对所提出的评审意见承担个人责任。评标组织成员不得私下接触投标人，不得收受投标人的财物和其他好处，不得透露投标文件的评审和比较信息、中标候选人的推荐情况以及与评标有关的其他情况，不得存在与投标人有利害关系的情形。采购中心和其他任何单位和个人不得非法干预、影响评标组织成员正常履行评标的职责。

3.4.1　政府工程采购评标组织的形式

评标组织的形式通常是评标委员会，在实践中也有设评标小组的。是评标委员会还是评标小组，可以视招标工程的规模、结构、类型、招标方式和其他具体情况而定。

3.4.2 政府工程采购评标组织的人员构成

由于政府工程采购项目评标的质量和结果直接影响到政府资金的使用效率和民生的保障，应当遵循严格的要求选定评标委员会的人员构成。其中，应涉及政府工程采购项目的投资者、使用者，考虑各方面的利益，同时又要考虑到经济性、技术性和专业性等因素。所以，评标委员会的成员，应当由各有关方面有代表性的资深人员组成。

3.5 政府工程采购评标原则

政府工程采购评标原则，不仅要遵循政府采购的原则，还要有它自己的特点。因为它是贯穿于整个政府工程采购过程的指导思想和活动准绳，它充分体现了在采购过程中必须遵循的基本要求和统一规范。政府工程采购的原则，可以分为一般性原则和特殊性原则。一般性原则表现为：具有一定的规范性，体现公开、公平、公正，能够起到规范本行业行为，从而进一步促进本行业发展的作用，具有现实意义，实事求是并且科学合理，使用性强，能够适应当地的自然、社会、环境和经济发展的需要，从而更好地体现择优性原则。特殊性原则表现为：技术和工艺水平的先进性，设计方案的合理性，承包造价的合理性，考虑经济效益，设计进度满足业主需要，具有一定的特色性，措施具有可靠性，施工设计方法可行性，监理规范可行性，管理和技术力量符合要求，投标商资质信誉可信，工程项目总承包合理，前期设计合理，施工过程合理，工期适当，工程物资供应先进且售后服务完善，建筑工程监理资质可信，有信誉，等等。

3.6 政府工程采购评标程序

当前，我国的政府工程采购项目的评标程序一般分为初评阶段和终评阶段。评标程序流程如图3.1所示。

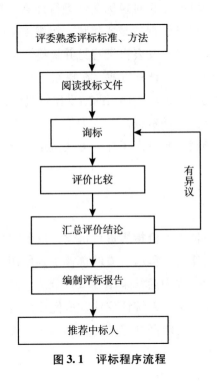

图3.1 评标程序流程

3.7 政府工程采购评标方法

3.7.1 政府工程采购评标方法分类

政府工程采购评标方法应以政府部门发布的招标文件中的实际规定为依

据，开标后不得更改。评标方法应科学合理，以公开、公平、公正为基本原则。目前评标方法主要分为两种，即定性评标方法与定量评标方法。

3.7.1.1 定性评标方法

定性评标方法是指在评标的过程中主要采取定性的方式筛选适合的投标人的方法，最常用的为专家会议评议法。这种评价方法是由招标人或其代理机构相应地聘请相关领域的专家对投标文件进行评阅，然后在会议上根据各个投标人的过往业绩、财务情况、技术优势、组织方案、报价方案、业内口碑等进行考量，各个与会专家发表自己意见并最终达成一致结果为决策者提供决策依据的方法。但是这种评标方式存在缺陷与不足，正因为是定性评价，这种方法缺乏定量化的评价标准，得出的结果比较粗糙，只能得到定性结果，评价的过程耗时较长且需要耗费较高的人力物力，并且由于专家地位的不同也会导致评标结果的倾斜，有时由于标准无法定量还会存在专家意见无法统一的问题。

3.7.1.2 定量评标方法

定量评标方法是一种将评价指标进行量化，按照定量化的标准对投标人进行筛选的方法，目前建筑工程承包方的选择主要使用该方法，其应用比较广泛。该评标方法使用过程中通常采用专家打分法、复合评标法、经评审的最低投标价法、综合评分法、系统评议法、最优评标价法、模糊综合评价法等。这些评标方法的共性是依据既定的评标标准，对投标人打分后按照分数高低排序后选择中标人。

3.7.2 常见定量评标方法

3.7.2.1 经评审的最低投标价法

所谓经评审的最低投标价法是以投标价格为评判的主要依据，并能够满足招标文件提出的实质性要求，选择价格最低的投标人来完成招投标工作的方法。这种评标方法适用于招标人对工程项目的技术性能没有过多的特殊要求、投标人采用一般的通用技术施工即可达到性能标准的工程项目。

3.7.2.2 综合评分法

综合评分法，是指投标文件满足招标文件全部实质性要求，且按照评审因素的量化指标评审得分最高的投标人为中标候选人的评标方法。[①] 这种评标方法要求评审因素在招标文件中给予规定，其设定应与投标人所提供货物、服务和工程的质量相关，如投标报价、工程施工质量、技术或者服务水平等，且不得将资格条件设定为评审因素。综合评分法具有更科学、更量化的特点，是评标实践中经常采用的一种方法。

3.7.2.3 复合评标法

复合评标法是一种既考虑招标人所编制的招标控制价，又要综合考虑投标人的投标报价而进行评审的评标方法，它是由两个指标的加权平均值作为控制价进行综合确定的。其充分反映了各投标人投标报价在市场经济下的竞争水平，使评标活动充分体现主管部门发布的行业信息价格水平与市场价格水平的差异，从而得出更加科学合理的评审结果。

3.7.2.4 系统评议法

系统评议法需要评标人系统地考虑标书的各项内容是否符合招标文件所提出的技术、经济、管理和社会等各项因素的要求，评审因素可以按以下进行设置：①工程质量；②施工单位资质；③标价；④施工方案以及施工组织设计；⑤工期；⑥施工单位的成功案例；⑦施工单位及监理单位的信誉。

为了让社会信誉高、施工质量好、核心能力强的施工单位中标，在系统评议法的诸多评审因素中，应适当侧重对工程质量、施工方案、施工单位资质和社会信誉等因素的评议。在工程质量因素中应重点突出保证工程质量的关键技术的评议；在施工方案因素中应重点突出对关键部位施工方法或特殊技术措施及保证工程质量、工期的措施的评议；在施工单位资质因素中应重点突出各种资质证书齐全、正规的评议；在施工单位社会信誉因素中应重点

---

① 参见《政府采购货物和服务招标投标管理办法》第四章第五十五条。

突出消费者满意度的评议。

3.7.2.5 最优评标价法

所谓最优评标价是指评审、筛选的标准仅为货币价格，通过特定的计算方法将其他可以折算为货币价格的评审因素加减到标价上去，最终形成以标价为唯一标准的结果，从而选择其中最低的投标人的一种评标方法。它的局限性是只考虑价格因素，过于片面，使投标人为了中标故意压低工程价格，从而为降低成本忽略工程质量，形成虚假现象。①

3.7.2.6 模糊综合评价法

针对评标指标权重的赋值难免会因人为因素产生偏差问题，钱忠宝（2008）提出了一种基于模糊数学的评标方法即模糊综合评价法。

模糊综合评价法是一种基于模糊数学的综合评价方法。该方法根据模糊数学的隶属度理论把定性评价转化为定量评价，即用模糊数学对受到多种因素影响的事物或对象做出一个总体的评价。它具有结果清晰、系统性强的特点，能较好地解决模糊的、难以量化的问题，适合各种非确定性问题的决策。

模糊综合评价法的特征是以隶属度表示评价值，对评标指标之间进行相互比较，以评价最优的评标指标为评价基准，评价值设为1，其他的评价值依据其欠优的程度而得到与其自身相符合的评价值。

模糊综合评价法虽然对综合评价法中人为因素影响较大这一缺陷做出了优化改进，但面对评标指标较多的情况还是会显得力不从心。当评价指标集数目较多的情况，在权重向量和为1的约束下，相对隶属权重系数通常会很小，可能会造成权重向量与模糊矩阵不匹配，就会因此出现超模糊和低分辨率现象，无法区分谁的隶属度更高从而导致评价失败。此时需要其他方法对其再进行优化改进，比如利用层次分析法（AHP）、数据包络分析（data envelopment analysis，DEA）、灰色关联分析（grey relation analysis，GRA）、反向传播（back propagation，BP）神经网络等。

---

① 张国兴. 工程项目招标投标［M］. 北京：中国建筑工业出版社，2007.

3.8 政府工程采购评标体系中存在的问题

（1）政府工程采购的评标方法需要改善。在政府工程采购的招标过程中，先期的控制目标主要是节俭政府开支，现在已经转变为系统地考虑采购标的的产品和服务质量，因此现行的评标方法不能单单关心价格，应该全面系统地考虑技术、经济、管理、社会等诸多因素，通过科学合理的评标方法，选择出技术先进、价格公道、管理科学、信誉良好的投标人，从而杜绝招投标过程中出现的不良现象，实现招投标双方的共赢。

（2）政府工程采购的评价指标体系的科学合理性亟待改进。从当前的政府工程采购的评标实践中能够看出，各地各级的政府部门根据各自的实际情况设置了形式各异的评价指标体系，然而，也确实存在各种各样的问题，比如指标体系简单、层次单一、专家难以把握评价标准等问题，从而导致了评价结果有失公允。所以，政府工程采购的评价指标体系应多从指标体系的科学合理性上下功夫。

（3）政府工程采购评价指标权重的确定不够合理。在现行的政府工程采购评标实践中普遍采用的是综合评分法，这就带来了一个比较严重的问题——在评标的过程中指标的权重的设定带有很大的自由性和随意性，因为它没有规定确定指标权重的方法。

第4章
政府工程采购评标指标体系设计

评标是政府工程采购招标全过程中最重要的一环。招标人能否在众多的投标人中选择一个投资省、工期短、质量优的建筑企业,而投标人能否在激烈的市场竞争中夺标,都需要通过科学、合理地评标才能确定,而评标工作中最重要的依据则是评标指标体系。评标指标体系的确定要考虑建设工程招标的内容,本书主要研究施工招标的评标指标体系的设计。

4.1 评标指标体系设计的流程

政府工程采购评标指标体系的设计,应首先建立广泛的评标综合指标体系,然后根据项目的具体要求对指标进行筛选。建立评标指标体系的过程大致分为五步,如图4.1所示。

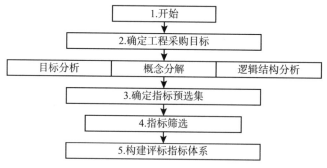

图 4.1 评标指标体系设计的流程

4.2 评标指标体系设计的原则

4.2.1 评标指标体系设计的 SMART 准则

为了保证指标体系设计科学性和合理性，引入了被世界银行及许多国家政府部门和组织作为在评价工作中普遍遵循的评价指标体系设计准则——SMART 准则。SMART 准则描述了一般评价指标设计的基本要求，SMART 是五个英文单词的首字母组成的简写，这五个单词是：特定的（specific）、可测量的（measurable）、可得到的（attainable）、相关的（relevant）、可跟踪的（trackable）。[①]

4.2.1.1 特定属性

指标体系是对评价客体的本质特征、组成结构及其构成要素的客观描述，并为某个特定的评价活动服务。针对评价工作的目的，指标体系应具有特定性和专门性。表现在以下两点：

（1）目标特定。评价的目标是指标体系设计的出发点和根本，衡量指标体系是否合理有效的一个重要标准是看它是否满足了评价目标。常见的评价目标大致可分为两种：一是对评价客体做出客观性评价，只指出优点和缺点，并分析其中的原因；二是对评价客体进行竞争性评价，即对评价客体进行比较选择，给出排名，选择优秀的，排除低劣的。从中我们可以看出，在不同的评价目标指导下，所选用的评价指标也不同。对于客观性评价要求指标体系全面，并且各评价指标之间具有因果关系，可以相互验证；而对于竞争性评价，评价指标之间应具有可比性，易于比较、计算，最好是量化的，并且对评价客体的细微差别是敏感的。政府工程采购评标是一种竞争性评价。

---

① 鲍玉昆，张金隆，孙福全，李新男. 基于 SMART 准则的科技项目评标指标体系结构模型设计 [J]. 科学学与科学技术管理，2003（2）：46 - 48.

（2）导向特定。由于评价的目的不同就决定着评价具有一定的偏向性，即特定的导向作用，这也是由政府采购的政策性所决定的。政府工程采购也必须遵循国家政策的要求。评价指标必须能够反映出政策的关注点和导向，明确什么是应该支持的、什么是应该鼓励的，从而体现了国家的宏观经济政策、产业政策和技术政策，这些内容在评标指标体系设计时应注意相关的导向性。

4.2.1.2 可测量属性

评价指标的可测量性是指对于指标进行评定应当有相应统一的标准，来衡量评价客体的表现。此处的可测量性要求并非强调一定是定量指标，对于定性指标的测量只要建立详细的评价标准，也可以认为是可测量的。指标的概念正确、含义清晰、体系完整，是建立详细的评价标准的前提。详细的指标评价标准能够尽可能避免或减少主观判断，确保指标体系内部各指标之间的协调统一。在工程项目评标中，除了工程项目实施的周期、报价及技术参数的要求等是定量指标外，对于工程技术方案的先进性和合理性的评价则主要是定性指标。对于这些定性指标的评价应建立详细的评价标准体系，并选择合适指标再进行适当地细分，保证定性指标评价在统一标准下进行衡量。

4.2.1.3 可得到属性

可得到属性要求指标体系的设计应考虑到验证所需数据获得的可能性，即可实现性。如果用于一项指标考察的数据在现实中不可能获取，或者获取的难度很大、成本很高，那么这项指标的现实可操作性就有待商榷。因此，在进行指标体系设计时就应该考虑数据的取得方式和渠道。所以，在实际操作中，有相当一部分数据的获得是极具难度的，特别是判断一些定性指标时难度就更大，这时就可以采用一些近似方法获得数据。

4.2.1.4 相互关联属性

评价指标体系中的各个指标应该是相互关联的，指标体系不是许多指标的简单堆砌，而是由一组相互之间具有有机联系的个体指标所构成，指标之间绝对的无关往往就构不成一个有机整体，因此指标之间应有一定的内在逻辑关系。这里的内在相关性一方面要求各个指标应当和评价目标相关，为评价活动的宗旨服务；另一方面要求各个指标应对评价客体的各个方面给予描述，并且它们之间具有关联性，能互为补充、相互验证，但也应注意不要让各个指标之间出现过多的信息交叉、包容、涵盖而使它们的内涵重叠。

4.2.1.5　可跟踪属性

评价的另一个目的是监督，确立的评价指标体系是工程项目实施后监督的依据。一般情况下，评价活动可分为事前、事中和事后评价，无论哪种评价都需要在一定阶段以后对评价的效果进行跟踪和再评价。这就要求在评价指标设计时，应当考虑相应指标是否便于跟踪监测和控制。

4.2.2　评标指标体系设计的基本原则

政府工程采购评标指标体系的设计应当遵循以下基本原则：首先是系统全面，结构清晰，可操作强；其次是稳定一致，简明且科学合理；最后是指标独立且具有很强的可比性，充分结合定性与定量分析方法。

评标指标体系的分类应充分体现评标指标设计的 SMART 准则和基本原则，而且要对评标指标体系构成的结构和层次予以深入研究，从而形成的指标体系科学合理，又通俗易懂，具有更强的应用性和兼容性。

4.3　评标指标的分类

根据招投标和政府工程采购过程的特点，评标指标可以分为五大类：筛选性评标指标、参考性评标指标、功能排序性评标指标、项目效益评标指标和项目成本评标指标。

4.3.1　筛选性评标指标

筛选性评标指标用于对投标人进行资格审查，考查投标人是否满足工程项目招标的基本条件，不能满足任何一项筛选性评标指标的投标人将被排除。筛选性评标指标的设计能确保在评标的开始阶段就排除掉无效的投标，达到减少评标工作量的目的。

4.3.2　参考性评标指标

参考性评标指标通过描述投标人基本情况和相关历史数据，为整个评标工作提供事实基础，如投标人的资质荣誉、精品工程案例等情况。由于这些指标或事实本身不宜做优劣评价，或对不同投标人不具有可比性，所以这些指标信息仅供参考，而不作为决定评标结果的直接依据。

4.3.3　功能排序性评标指标

功能排序性评标指标是评标指标体系中最重要的部分，通过对不同的投标人在同一指标下的横向比较评判投标人在某项能力方面的优劣。

4.3.4　项目效益评标指标

效益指标是指整个社会在一定的领域中从项目所能够得到的一切有形或无形的收益。效益指标分为定量效益指标和定性效益指标。

4.3.5　项目成本评标指标

关于成本的分类很多，这里不做详细分析。在此使用的成本指标主要指的是工程项目的建设成本，即项目总投资。另外，还有工程项目建成使用后所产生的运行成本。

4.4　评标指标体系的设计

评标指标体系的设计是指在评标指标分类的基础之上，通过对指标进行细化和全面的分析，逐步设计出指标体系。

4.4.1 筛选性评标指标设计

筛选性评标指标主要应用在投标资格预审阶段，是对投标申请人进行资格审查的评价指标。

投标申请人的资格审查主要从历史业绩情况、财务性状况、联合体之间的相关情况三个方面来评审。政府工程采购评标指标体系中的筛选性评标指标如表 4.1 所示。

表 4.1　　　　　政府工程采购评标指标体系中的筛选性评标指标

指标分类	一级指标	二级指标	指标说明
筛选性评标指标	财务状况	银行资信	按资信等级划分
		经营能力	考察近三年利税总数
		资产负债	按近三年的资产负债表、利润表、现金流量表来审查
		流动资金	是否具备完成招标工程所需的资金
	业绩情况	质保体系	施工质量目标；施工质量计划；思想保证体系；组织保证体系；工作保证体系
		类似项目完成情况	近期类似项目的完成情况
		发生诉讼及仲裁情况	近期是否发生过诉讼及仲裁，其具体情况
		在建工程和新承接工程情况	考察在建工程和新承接工程情况
		施工业绩	奖励情况；处罚情况
		合同信誉	合同履约情况
		企业资质	工程施工资质；国际质量体系认证
		投标保证	在规定时间内提供投标保证金或保函
	（如有联合体）	联合体相关情况	联合体各方相关情况

4.4.1.1 财务状况

财务状况指标着重于下列因素：投标申请人的银行资信状况、经营能

力情况、资产负债情况及流动资金状况。银行资信状况的审查通过资信等
级来评定；经营能力情况主要审查近三年利税总额；资产负债情况主要审
核投标申请人近三年的资产负债表、利润表、现金流量表及审计报告等相
关报表；流动资金状况是审查投标申请人要完成招标工程是否有充足的流
动资金。

4.4.1.2　业绩情况

业绩情况审查主要是审查投标申请人的经验、业绩和成功案例等，看其
是否成功完成过与招标工程在类型、规模、结构、复杂程度和所应用的技术
以及施工方案等方面相似工程的经验。业绩情况还要审核其是否具有质量保
证体系及质量认证证明，并且要审核其近 3 年发生诉讼和仲裁的情况、正在
施工和新承接工程项目情况，以及合同信誉、企业资质、投标保证、消费者
满意度和忠诚度等。

4.4.1.3　联合体相关情况

如果有联合体参与投标的，应该审核联合体相关各方的上述情况。

4.4.2　参考性评标指标设计

参考性评标指标包括风险和违约索赔情况。

风险指标是指政府工程采购过程由于周期长、投资巨大而造成的可能性
风险，其中包括在经营过程中产生的风险、技术应用中产生的风险和采购市
场的风险。技术应用中产生的风险考察投标人所采用技术的可行性、安全性；
采购市场风险考察在物资市场采购过程中产生的风险；经营过程中产生的风
险主要考察投标人的经营管理能力，工程项目的社会收益。违约索赔情况表
示在履行合同过程中发生违约情形时的索赔情况。[①] 政府工程采购评标指标
体系中的参考性评标指标如表 4.2 所示。

---

① 《标准文件》编制组. 中华人民共和国国家标准施工招标文件 ［M］. 北京：中国计划出版社，
2007.

表 4. 2　　　　　　　政府工程采购评标指标体系中的参考性评标指标

指标分类	一级指标	二级指标	指标说明
参考性 评标指标	风险	技术风险	通过对实施该技术的关键环节能否顺利攻克的可能性分析得到
		市场风险	通过分析建筑行业的市场情况得到
		经营风险	通过分析投标人的经营管理水平后得到
	违约索赔情况	—	在履行合同过程中发生违约情形时的索赔情况

4.4.3　功能排序性评标指标设计

功能排序性指标应用于详细评标阶段，从而评审出最优的投标申请人。功能排序性评标指标分解细化为三个主要因素：经济因素、技术因素和社会因素。政府工程采购评标指标体系中的功能排序性指标如表 4.3 所示。

表 4. 3　　　　　　政府工程采购评标指标体系中的功能排序性评标指标

指标分类	细分内容	一级指标
功能排序性评标指标	经济因素评价	标价
		工程质量
	技术因素评价	施工组织设计
		施工工期计划可靠性
		工程建设能力
	社会因素评价	保护措施

4.4.3.1　经济因素评价指标

经济因素评价是指政府工程采购的经济效益评价，主要是从投标文件中所承诺的标价、工程质量方面评价政府工程采购满足需求的程度。

1. 标价指标。

在评标指标体系中，招标人最关心的是投标申请人的报价，同时这也是决定投标申请人能否中标的关键指标。标价评价指标体系如表 4.4 所示。

表 4. 4   标价评价指标体系

一级指标	二级指标	指标数据构成
标价	总报价	有效性；合理性
	报价构成	是否有不平衡报价的情况；主要材料、设备价格以及人工费等是否合理、可行
	计量与支付	工程量清单中的工程量计算规则是否按有关国家标准、行业标准执行，合同约定是否合理

主要指标数据说明：

（1）有效性：评审投标申请人给出的总报价是否在有效报价区间内，总报价的计算是否准确无误，是否符合所发布的招标文件的要求和标准。

（2）合理性：评审投标申请人给出的总报价与标底相比，报价偏高还是偏低，并分析其合理性。

（3）工程计量：计量单位；计量方法；计量周期；单价子目计量；总价子目计量。

（4）工程支付：预付款；工程进度付款；质量保证金；竣工结算；最终结算。

2. 工程质量指标。

工程质量指标是投标申请人对工程质量能否满足招标人或国家规定的验收标准的一种承诺，以及是否有达到上述标准的相关措施。工程质量评价指标体系如表4.5所示。

表 4. 5   工程质量评价指标体系

一级指标	二级指标	指标数据构成
工程质量	合同质量标准	考察工程合同的质量标准是否符合招标文件的要求
	工程不达标的费用承担	因投标人原因造成工程质量不达标造成的费用增加和工期延误，投标人的承担情况
	售后维修服务	工程各项实施的保修期限；是否所有招标项目都进行保修服务；各自承担费用的划分是否合理；责任划分；响应时间；服务承诺；维修保障；维修设施；技术支持；投诉渠道；投诉处理；投诉解决平均时间；顾客满意度调查；回访制度；企业主动服务

主要指标数据说明：

（1）维修保障：评审投标申请人是否具有完善的售后维修服务能力。

（2）维修设施：评审投标申请人是否备有售后质量维修专用的设施和设备。

（3）技术支持：评审投标申请人是否具有为客户提供完善的技术支持的能力。

（4）投诉渠道：评审投标申请人是否具有完善的与客户沟通的渠道。

（5）投诉处理：评审投标申请人对于需要返修的工程质量投诉是否具有专人、专业的处理方案。

（6）顾客满意度调查：评审投标申请人是否每年进行顾客满意度和忠诚度调查。

（7）投诉平均解决时间：评审投标申请人对维修投诉反应的效率。

（8）顾客回访制度：评审投标申请人是否具有完善的顾客回访制度。

（9）企业主动服务：评审投标申请人是否积极主动地对客户提供额外的售后服务。

4.4.3.2 技术因素评价指标

技术因素评价是指政府工程采购的技术效益评价，主要是从投标文件中所承诺的施工组织、工期、工程建设能力等方面评价政府工程采购满足需求的程度。

1. 施工组织设计指标。

施工组织设计是建设工程项目评标的关键因素之一。通常，在大、中型工程项目中采用施工组织设计，在小型工程中采用施工方案。施工组织设计是工程项目施工的战略性和指导性文件，是将设计意图和设计成果付诸实行的总体计划，对建设工程项目的技术经济效果有决定性的影响。施工组织设计评价指标体系如表 4.6 所示。

主要指标数据说明：

（1）施工方案的合理性：评审投标申请人的施工方法是否满足工程质量要求，是否符合国家有关规定，是否具有先进性。

（2）主要部分的施工方法：评审投标申请人标书中的施工方法是否按招标文件中规定的内容编写等，是否能满足合理的工期和承诺的工程质量。

表 4.6   施工组织设计评价指标体系

一级指标	细分内容	二级指标	指标数据构成
施工组织设计	施工设计方案	总体流程设计	施工方案的合理性；施工程序、施工顺序、施工起点流向是否合理
		施工现场平面设计	场地布置合理；符合平面设计要求
		主要部位的施工方法及技术措施	主要部分的施工方法是否科学可行，是否先进；技术措施的可靠性
		大型机械设备的选择、定位	拟投入的机械设备现场布局，使用分配是否合理
		新工艺、新技术；工程难点及解决方案	是否采用切实可行的新工艺、新技术方案；对特殊部分的技术处理、施工工艺是否合理
		分包计划	分包工作安排；分包商的技术能力；分包商的施工经验
	施工组织方案	施工准备工作；施工组织管理	前期准备；技术准备；现场准备；通信、物资准备；劳动力准备；施工机具和劳动力配置；施工管理机构；管理组织工作分配

（3）分包工作：评审投标申请人拟分包的工作是否是非主体、非关键的施工工作。

（4）分包商的技术能力、分包商的施工经验：评审分包商完成分包工作的能力。

（5）施工机具和劳动力配置：评审投标申请人是否具有合理的施工机具和劳动力配置。

2. 施工工期计划可靠性指标。

投标申请人拟订的工期以及施工进度计划是评标环节要考虑的主要因素。一般情况下，招标人都会在发布的招标文件中限定一个大致的工期要求。然而为了在投标中提高胜出的概率，投标申请人都会努力地缩短工期来吸引招标人。因此在评标过程中，评审投标申请人对工期制定的合理性是十分重要的，要有相应的施工进度计划以及必要的保证措施来支持工期计划的实现。施工工期计划可靠性评价指标体系如表 4.7 所示。

主要指标数据说明：

（1）施工时间计划：评审投标申请人所提供的施工时间计划是否与投标工期相符，是否满足发布的招标文件的要求。

表 4.7   施工工期计划可靠性评价指标体系

一级指标	二级指标	指标数据构成
施工工期计划	工期	工期合理性
	进度计划	施工时间计划；施工资源计划

（2）施工资源计划：评审投标申请人的资金、材料、设施、设备、劳动力等安排是否科学、合理，是否能既出现材料不积压、劳动力不窝工等现象，又能满足施工进度的要求。

3. 工程建设能力指标。

评审投标申请人工程建设能力的主要目的是确定投标申请人是否具备承包政府工程采购项目建设的能力，主要从管理能力、技术能力和企业信誉三个方面来评价。工程建设能力评价指标体系如表 4.8 所示。

表 4.8   工程建设能力评价指标体系

一级指标	细分内容	二级指标	指标数据构成
工程建设能力	管理能力	领导能力	项目经理；主要管理人员
	技术能力	施工经验	工程施工经历以及完成情况
		机械设备水平	施工机械、装备情况；先进程度
		技术力量	技术人员结构；技术人员水平
		质量保证措施	考评其能否向政府交付"保质""保量"的建设工程的主要依据

主要指标数据说明：

（1）项目经理：评审投标申请人拥有的项目经理的资质、类似工程的经验以及以往的业绩和相关资料。

（2）主要管理人员：评审投标申请人的主要管理人员的资质和经验以及以往的业绩和有关资料。

（3）工程施工经历及完成情况：评审投标申请人近 3 年的工程施工经验，有无返修及重大失误情况。

（4）施工机械、装备情况：评审投标申请人所具备主要机械的名称、性能、出厂日期、产地及台数。

（5）施工设备的先进程度：评审投标申请人的施工设备在国际上的先进水平、在国内的先进水平、设备的完好率。

（6）技术人员结构：评审投标申请人拥有的工程技术人员的人数、年龄及职称分布，技术工人的人数、年龄和平均技术等级，以及二者占职工总数的比例情况。

4.4.3.3　社会因素评价指标

这里所谓的社会因素评价指标主要指政府提倡的要求施工单位提供的各种保护措施，包括环境保护、产业扶持、保护弱势群体情况所带来的社会效益评价。社会因素评价指标体系如表4.9所示。

表4.9　　　　　　　　　　社会因素评价指标体系

一级指标	二级指标	指标数据构成
保护措施	环境保护	是否通过 ISO14000 系列认证（提供有效证书）；能源利用科学合理、不浪费；资源有效利用，无污染；减少对环境污染；"三废"排放；立体绿化工程；对周围环境影响；环保问题识别；预防及治理措施；环卫卫生管理
	产业扶持	扶持设备、材料企业；扶持建设企业优先中标
	保护弱势群体	基本生活保障；权益保障

主要指标数据说明：

（1）立体绿化工程：评审投标申请人对工程的设计是否考虑各种设施的外观形状、色彩、材质、结构应与周围环境协调一致，具有整体美感。

（2）对周围环境影响：评审投标申请人对工程的设计是否考虑各种设施间以及对周围环境的通风、采光、朝向、交通、反光灯的影响。

（3）环保问题的识别：评审投标申请人的新产品、新工艺或新材料对环境的影响、是否处于环境敏感区以及环境影响的频度和范围等。

（4）预防及治理措施：评审投标申请人在工程施工过程中对大气的污染、水污染、土壤污染、废弃物污染、噪声污染以及光污染等问题的预防和相应的治理措施。

（5）保护弱势群体：评审投标申请人是否有对雇用的农民工以及农民工家属的相关保护措施，比如各种保险、子女入学。

4.4.4 项目效益评标指标设计

项目效益指标是指整个社会在一定的领域中从项目所能够得到的一切有形或无形的收益。效益指标分为定量效益指标和定性效益指标。政府建设工程项目一般分为施工阶段和使用阶段；政府建筑工程建筑施工阶段也会产生效益，这部分指标在评标时只能通过投标商的投标文件得到，这里使用功能排序性评标指标，用投标文件的承诺预测所产生的效益；在调查研究的基础上，政府建筑工程项目在投入使用后效益指标可分解细化为四个主要因素：财务效益、职能效益、社会效益和环境效益。项目效益指标体系如表 4.10 所示。

表 4.10　　　　　　　　　　　　项目效益指标体系

一级指标	二级指标	指标数据构成
财务效益	政府行政运行成本节约额	节水、节电、节能、办公耗材减少、节约暖气费等、节约通信费；共用配套附属设施节约额
	其他收益	公共停车场收入等
职能效益	政府办公条件改善	硬件和软件设施改善；大开间办公用房利用率
	政务服务质量提升	推动事项集中办理；优化政务服务方式；推动政务服务创新；推动简政放权
	政府内部管理水平提高	工作效率；工作程序优化；工作人员满意度
社会效益	优化城市功能布局	房地产发展；教育、文化产业发展；金融业务发展
	居民就业	周边居民就业率提升；就业结构提升等
	居民生活质量	居民收入增加；公共安全系数提升等
环境效益	交通环境	交通规划优化；交通道路设施提升等
	城市文化	城市名片提升；建筑艺术效果提升；城市景观提升等
	城市绿化	城市绿化率提升；绿化景观提升；空气质量提升等

4.4.5 项目成本评标指标设计

成本是为达到一定目的而付出或应付出资源的价值牺牲，这里包括政府项目施工阶段的总投资和使用阶段的运行成本。其中运行成本包括物业管理费、室内楼梯及设备维修维护费、水费、电费、网络信息费、暖气费、室外绿化维护费、道路场地维护费等。

4.5 本章小结

本章详细分析了政府工程采购评标指标体系设计的流程、原则，并运用国际普遍遵循的评标指标体系设计准则：SMART 准则，根据决策者需要，评标决策目标和问题的特征建立了评标指标体系。但本章也提出了不是指标越多越好，指标过多，不但不能提高决策的精确性，反而会降低决策的质量。所以，在建立指标库以后，决策者还需要反复考虑，把那些次要的、对决策的结果影响甚微的指标删除，从而形成科学合理的指标体系。

第 5 章
政府工程采购评标指标权重确定

评审投标申请人的评标指标体系是多层次、多分支的，然后再确定综合评价的方法与模型，使整个评价过程科学化、系统化。本书采用层次分析法确定评标指标权重。

5.1 运用层次分析法确定评标指标权重的步骤

5.1.1 建立层次结构模型

在政府工程采购的评标标准中，层次结构的最高层是选择一个最优的方案，是唯一的。第二层是影响标的好坏的主要因素。第三层是第二层元素的各种细分。本书运用 AHP 确定指标权重，所以只到子准则层，没有措施层，如图 5.1 所示。

5.1.2 构造两两比较判断矩阵

在此矩阵中，体现了各元素通过两两比较的相对程度确定其重要性，此为一个判断矩阵，其形式如图 5.2 所示。

图 5.1　AHP 决策分析法层次结构

A_k	B_1	B_2	...	B_n
B_1	b_{11}	b_{12}	...	b_{1n}
B_2	b_{21}	b_{22}	...	b_{2n}
⋮	⋮	⋮	⋮	⋮
B_n	b_{n1}	b_{n2}	...	b_{nn}

图 5.2　判断矩阵

图 5.2 中，b_{ij} 表示对于 A_k 而言，元素 B_i 对 B_j 的相对重要性程度的判断值，比较评分标准如表 5.1 所示。

表 5.1　　　　　　　　　　　　重要性的比较评分

分值	定义	说明
1	两指标同等重要	B_i 与 B_j 同等重要
3	一指标对另一指标弱重要	B_i 较 B_j 重要一点
5	一指标对另一指标强重要	B_i 较 B_j 重要得多
7	一指标对另一指标强烈重要	B_i 较 B_j 占主导地位
9	一指标对另一指标绝对重要	B_i 较 B_j 占绝对主导地位
2、4、6、8	1、3、5、7、9 相邻两判断的中间值	介于两个判断的折中

任何判断矩阵满足以下条件：

$$b_{ii}=1; \ b_{ij}>0, \ b_{ij}=\frac{1}{b_{ji}}; \ (i, \ j=1, \ 2, \ 3, \ \cdots, \ n) \qquad (5.1)$$

如果判断矩阵存在关系：

$$b_{ij} = \frac{b_{ik}}{b_{jk}}, \quad (i, j, k = 1, 2, 3, \cdots, n) \tag{5.2}$$

则它具有完全一致性。判断矩阵的一致性检验是验证 AHP 决策分析方法得出的结果是否基本合理的方法。

5.1.3 层次单排序及一致性检验

5.1.3.1 层次单排序

层次单排序的结果通过计算判断矩阵的特征根和特征向量而得到，对上一层次的数据进行逐一的两两比较就得出了判断矩阵，它显示了比较后的评判数据。

得出的判断矩阵的每一行元素的乘积可以表示为

$$M_i = \prod_{j=1}^{n} b_{ij}, \quad (i = 1, 2, \cdots, n) \tag{5.3}$$

下面，通过计算 M_i 的 n 次方根，得出

$$\overline{W}_i = \sqrt[n]{M_i}, \quad (i = 1, 2, \cdots, n) \tag{5.4}$$

得出向量 $\overline{W} = [\overline{W}_1, \overline{W}_2, \cdots, \overline{W}_n]^T$。

归一化处理结果是

$$W_i = \frac{\overline{W}_i}{\sum\limits_{i=1}^{n} \overline{W}_i}, \quad (i = 1, 2, \cdots, n) \tag{5.5}$$

即得出特征向量 $W = [W_1, W_2, \cdots, W_n]^T$。

最大特征值结果是

$$\lambda_{\max} = \sum_{i=1}^{n} \frac{(AW)_i}{nW_i} \tag{5.6}$$

$(AW)_i$ 表示向量 AW 的第 i 个分量。

5.1.3.2 一致性检验

建立的判断矩阵是由两两相比较得出后，就会得到判断前后给定的优先

数一致性的问题。若得出的判断矩阵 B 具有完全一致性时，则有 $\lambda_{\max} = n$。但是这种情况一般不会发生。为了使判断矩阵的一致性令人满意，就应将平均随机一致性指标 RI（见表 5.2）与 CI 进行比较。其中，

$$CI = \frac{\lambda_{\max} - n}{n - 1} \tag{5.7}$$

表 5.2　　　　　　　　　　　　　平均随机一致性指标 RI

n	1	2	3	4	5	6	7	8	9	10
RI	0.00	0.00	0.52	0.89	1.12	1.26	1.36	1.41	1.46	1.49

可以明显看出，总是具有完全一致性是 1 或 2 阶的判断矩阵，因此不用判断，而对于 2 阶以上的判断矩阵，判断矩阵的随机一致性比例 CR 是同阶的平均随机一致性指标 RI 与一致性指标 CI 之比，当

$$CR = \frac{CI}{RI} < 0.10 \tag{5.8}$$

时，就认为判断矩阵的一致性令人满意；否则，当 $CR \geq 0.10$ 时，就需要不断调整判断矩阵，直到满意为止。

5.1.4　层次总排序及一致性检验

5.1.4.1　层次总排序

在计算出本层次单排序结果的基础上，利用本层次指标相对于上一层次指标的相互影响和组合权重，即可得出本层次所有指标的重要性权值数，也就是层次总排序要求计算出的准则层 A 对目标层 G 的单排序，其结果为

$$[a_1, a_2, \cdots, a_m]^T$$

可以明显看出子准则层 B 有 n 个方案，而对准则层 A_j 的单排序为

$$[b_1^j, b_2^j, \cdots, b_n^j]^T$$

最后，B 层次的总排序结果就会得出，如表 5.3 所示。

表 5.3   层次总排序的计算

层次 B	层次 A				B 层次的总排序
	A_1	A_2	$\cdots$	A_m	
	a_1	a_2	$\cdots$	a_m	
B_1	b_1^1	b_1^2	$\cdots$	b_1^m	$\displaystyle\sum_{j=1}^{m} a_j b_1^j$
B_2	b_2^1	b_2^2	$\cdots$	b_2^m	$\displaystyle\sum_{j=1}^{m} a_j b_2^j$
$\vdots$	$\vdots$	$\vdots$	$\vdots$	$\vdots$	$\vdots$
B_n	b_n^1	b_n^2	$\cdots$	b_n^m	$\displaystyle\sum_{j=1}^{m} a_j b_n^j$

显然，$\displaystyle\sum_{i=1}^{n}\sum_{j=1}^{m} a_j b_i^j = 1$，即层次总排序是归一化的正规向量。

5.1.4.2　一致性检验

为了评价总排序计算的一致性如何，需要计算与单排序类似的检验。则层次总排序随机一致性比率为

$$CR = \frac{\displaystyle\sum_{j=1}^{m} a_j CI_j}{\displaystyle\sum_{j=1}^{m} a_j RI_j} \qquad (5.9)$$

当 $CR < 0.10$ 时，认为层次总排序的计算结果具有令人满意的一致性。否则需要重新调整判断矩阵的指标取值。

5.2　层次分析法应用过程中的两个问题

5.2.1　各层元素对目标层的合成权重

若考虑的决策问题共有 k 层。假定已经算出第 $k-1$ 层上 n_{k-1} 个元素相对

于总目标的排序权重向量 $w^{k-1} = (w_1^{k-1}, w_2^{k-1}, \cdots, w_{n_{k-1}}^{k-1})^T$，第 k 层上 n_k 个元素对第 $k-1$ 层上第 j 个元素为准则的排序权重向量设为 $p_j^k = (p_{1j}^k, p_{2j}^k, \cdots, p_{n_k j}^k)^T$，其中不受 j 支配的元素的权重为零。令 $P^k = (p_1^k, p_2^k, \cdots, p_{n_{k-1}}^k)$，这是 $n_k \times n_{k-1}$ 的矩阵，表示 k 层上元素对 $k-1$ 层上各元素的排序，那么第 k 层上元素对总目标的合成排序向量 w^k 由下式给出

$$w^k = (w_1^k, w_2^k, \cdots, w_{n_k}^k)^T = P^k w^{k-1} \tag{5.10}$$

或

$$w_i^k = \sum_{j=1}^{n_{k-1}} p_{ij}^k w_j^{k-1}, \quad (i = 1, 2, \cdots, n)$$

并且一般的有

$$w^k = P^k P^{k-1} \cdots w^2 \tag{5.11}$$

此 w^2 是排序向量，且是第二层元素对总目标的，实际上它体现了单准则约束下的排序向量结果。

进行一致性检验，且从上到下逐层进行，可以看出若已求得以 $k-1$ 层上元素 j 为准则的平均随机一致性指标是 RI_j^k，一致性指标是 CI_j^k，以及一致性比例是 CR_j^k，$j = 1, 2, \cdots, n_{k-1}$，则有 k 层的综合指标 CI^k，RI^k，CR^k 结果为

$$CI^k = (CI_1^k, CI_2^k, \cdots, CI_{n_{k-1}}^k) w^{k-1}$$

$$RI^k = (RI_1^k, RI_2^k, \cdots, RI_{n_{k-1}}^k) w^{k-1}$$

$$CR^k = \frac{CI^k}{RI^k} \tag{5.12}$$

当 $CR^k < 0.10$ 时，则定义为递阶层次结构在 k 层水平以上的所有判断一致性整体满意。

5.2.2 多专家决策的群组层次分析

多专家决策的群组层次分析（group-AHP，GAHP）是多专家决策的解决方案。设有 s 个专家参与某项判断，他们的判断矩阵分别为 A_1，A_2，$\cdots$，A_s，其中

$$A_k \approx (a_{ij,k}), \quad (k = 1, 2, \cdots, s)$$

本书主要介绍加权几何平均综合判断矩阵法。

将 s 个判断矩阵，用加权几何平均的方法获得一个综合判断矩阵 $A = (a_{ij})$，其中

$$\begin{cases} a_{ij} = (a_{ij,1})^{\lambda_1}(a_{ij,2})^{\lambda_2}\cdots(a_{ij,s})^{\lambda_s}, \quad (i, j = 1, 2\cdots, n) \\ \sum_{k=1}^{n} \lambda_k = 1 \end{cases}$$

这里 λ_1，$\cdots$，λ_s 是各个专家的权重系数，它是对专家能力水平的一个综合的数量表示。当对专家的能力水平的高低难以获得先验信息或不易做出比较时，可取 $\lambda_i = \dfrac{1}{s}$，$i = 1, 2, \cdots, s$，此时

$$a_{ij} = (a_{ij,1} \times a_{ij,2} \times \cdots \times a_{ij,s})^{\frac{1}{s}}, \quad (i, j = 1, 2, \cdots, n) \qquad (5.13)$$

得到综合判断矩阵 A 后，然后求 A 的右主特征向量作为排序向量。[①]

5.3 本章小结

本章深入研究了层次分析法的基本原理和应用计算，引入了多专家决策的群组分析方法，尽可能地对评标指标进行半结构化设计，以期更加科学和准确。在政府工程采购评标的过程中，短时间内需要分析大量的投标文件，对其鉴定、甄别、评议，选择并推荐比较优秀的投标中标人，在考虑标价这一主要经济性指标的基础上，还要同时考虑工程质量、投标企业信誉和资历，工程建设工期等因素，对有些因素评价往往存在一定的问题，使其因素条理性强，能够定量化、规范性存在一定的困难，最后决策只能是不准确、不合理的。本书引入的这两种方法有效地避免评标定标过程中的主观随意性，提高最后结果的科学性和准确性，同时认为层次分析法是一种较好的选择，它可以综合各因素，具有很好的一致性，基于多个具体方案等优点，并运用 AHP 中群组决策技术实现了多专家决策集结。

① 王莲芬. 层次分析法引论 [M]. 北京：中国人民大学出版社，1990.

第6章
基于价值工程和成本效益
分析的联合评标模式

在评标过程中，为了保证评标的公正和公平性，评标必须按照招标文件规定的评标标准和方法。本书通过对现有各种评标方法研究，提出了一种新的评标方法——基于价值工程和成本效益分析的联合评标模式，以期提高政府工程采购的效率和准确度。

6.1 价值工程模型

价值工程的表达公式如下：

$$V = \frac{F}{C} \tag{6.1}$$

其中：V（value）为价值；F（function）为功能；C（cost）为寿命周期成本。所以，价值工程包括价值、功能、寿命周期成本三个基本要素。[1]

———————————

[1] 武春友，张米尔. 技术经济学 ［M］. 大连：大连理工大学出版社，2003.

6.2　成本效益分析模型

成本效益分析在不同条件下追求的目标不一样，其采用方法也有差异。本书使用的是成本效益比率 $BCR = B/C$ 最大。[①] 即

$$BCR = \frac{B}{C} = \frac{\sum_{t=1}^{n} B_t (1 + i)^{-t}}{C_0 + \sum_{t=1}^{n} C_t (1 + i)^{-t}} \tag{6.2}$$

其中：B/C 表示项目的收益与成本之比；B_t 表示项目在第 t 年的净收入现值；C_0 表示项目的投资额；C_t 表示项目在第 t 年净经营成本的现值；i 表示所得的最低期望盈利率；t 表示年数。

6.3　评价指标的无量纲化

由于指标各单位和量级不同，所以存在着缺乏公信度和通用性的特点，从而影响了方案综合评价的最终效果。参考层次分析法中的标度方法，把评价指标的评分标准定为 0～1 共 9 个等级，但在实际使用中真正需要规定的是其中 4 个等级只取它们的中间值，有 5 个等级的标准。[②] 把标准化标度列表，如表 6.1 所示。

表 6.1　　　　　　　　　　　　　指标效果评分标准

分数 U_y	含义
0	该指标对工程项目效果差

① 黄有亮，徐向阳，谈飞，李希胜. 工程经济学 [M]. 南京：东南大学出版社，2002.
② 韩金荣. IT 项目投资评估中的成本效益分析 [D]. 青岛：中国海洋大学，2004.

续表

分数 U_y	含义
0.25	该指标对工程项目效果一般
0.5	该指标对工程项目效果中
0.75	该指标对工程项目效果良
1	该指标对工程项目效果优
0.125/0.375/0.625/0.875	取上述两个程度之间的中间值

6.4 基于价值工程和成本效益分析的联合评标模式

通过第4章对政府工程采购评标指标体系的分析，发现在政府工程采购招标过程中，有三方面重要的评标因素即技术、经济、社会因素，其中社会因素占比日益加大，而现今的评标模型难于满足政府的多种采购意图，并且缺乏有效性和准确性。在分析了现有各种评标方法的适用性后，本书提出了一种全新模式的评标方法——基于价值工程和成本效益分析的联合评标模式，可以更好地反映政府采购的意图。这种评标方法对于评价指标采用价值工程评标模式，力求做到准确，而采用成本效益分析评标模型，力求做到有效。

基于价值工程和成本效益分析的联合评标模式的步骤：

（1）对于第4章中构建的政府工程采购评标指标体系作为功能评价指标，根据价值工程基本算法建立评标定标决策优化模型，其形式为

$$V_i = \frac{F_i}{C_i} \tag{6.3}$$

第 i 个投标人的价值系数、成本系数、功能系数分别为 V_i、C_i、F_i。

（2）功能系数的确定。

①运用第5章内容中的层次分析法确定各功能指标权重系数。

②依据 1~10 打分法，评标专家为各功能指标打分，其中规定度量为，差（1~2）、一般（3~4）、中（5~6）、良（7~8）、优（9~10）。

③功能指标评价总分，即为功能系数，其算式为

$$F_i = \sum (\bar{P}_i \times W_i) \tag{6.4}$$

它是由各评标专家对各功能指标打分，其分数的平均分值乘以对应的权重得到。

（3）成本系数确定，其算式为

$$C_i = \frac{K_i}{K_s} \tag{6.5}$$

各投标人的成本系数是由各标价与标底价比值计算所得。

（4）综合上述（2）（3）两步骤的计算结果，代入式（6.3）从而取得 $\max(V_i)$ 的投标人为第一中标候选人。

（5）根据项目所设计的方案，总结出其效益和成本构成结构。对于定量指标和定性指标分别计算，最后必须进行无量纲化处理（无量纲化处理参考表6.1执行），项目所产生的成本效益比可表示为

$$BCR_i = \frac{B_i}{C_i} \tag{6.6}$$

其中：B_i 表示指标所产生的无量纲化综合效益系数；C_i 表示指标为产生此综合效益所耗费的无量纲化综合成本系数。

（6）全部各种效益的综合效益系数为

$$B_i = \sum_y \sum_t (W_y \times U_{yt} \times r_t) \tag{6.7}$$

其计算方法为，每一种效益进行加权计算，从而反映真正的价值，最后将所得的结果相加，其中：B_i 是项目全部时期综合效益系数；W_y 是效益 y 指标的权重分配；U_{yt} 是效益 y 指标 t 时期的无量纲效用值；r_t 是项目 t 时期的贴现因子。

（7）全部时期的成本系数为

$$C_i = \sum_y \sum_t (W_y \times C_{yt} \times r_t) \tag{6.8}$$

其计算方法为先对各个时期的成本进行贴现计算，转化为当前的成本值，然后将所得的结果相加。其中：C_i 是项目全部时期综合成本系数；W_y 是成本 y 指标的权重分配；C_{yt} 是成本 y 指标 t 时期的无量纲效用值；r_t 是项目 t 时期的贴现因子。

（8）综合上述（6）（7）两步骤的计算结果，代入式（6.6），从而取

$\max(BCR_i)$ 的投标申请人为第一中标候选人。

（9）投标申请人既是价值工程第一中标候选人，同时又是成本效益分析第一中标候选人的，就是最终中标人。

6.5 本章小结

本章提出了基于价值工程和成本效益分析的联合评标方法，这种方法可以互相弥补这两种方法各自的不足，如价值工程的方法，其从功能、成本出发的评价方法对技术经济指标的评价更加方便、有效，却难以对社会评价指标进行评定；另外，成本效益分析是对公用事业投资进行项目国民经济评价和社会评价的方法。所以，将两种方法组合，对于复杂的政府工程采购评标系统会得到一个相对准确的评价结果。

第 7 章

基于价值工程和成本效益分析的
联合评标模式实证分析

7.1 工程概况

　　某园区工程是省政府机关综合办公大楼工程项目，投资估算为 160000000 元。主要建筑指标：①用地面积：7000 平方米；②建筑占地面积：4000 平方米；③建筑总面积：38000 平方米；④规划容积率：4.9；⑤建筑控制高度：95 米以内；⑥规划建筑覆盖率：50%。

　　桩基采用钢筋混凝土预制方桩，框架结构局部剪力墙体系。

　　计划 2021 年 7 月底开工，总工期为 280 天。

　　该项目在招标过程中，以公开招标的方式进行，通过各种媒体发布招标公告。在公告期限内共有 51 家单位发回投标申请。政府招标组织部门对申请投标的 51 家单位进行评审，其中有 3 家单位通过资格预审，可以参加该项目的投标，分别记为：T_1、T_2、T_3。

　　开标后，评标委员会对投标文件进行了资质评审和报价校核，该 3 家投标单位的标价均在投标控制价区间内，且均满足资质评审和报价校核的要求，从而进入详细评审阶段。

　　在详细评审过程中，政府招标组织部门设定评标委员会，共有 5 人组成。

其中业主代表 1 人，具有工程师职称；其余 4 人在政府工程采购评标专家数据库中随机抽取，抽取结果为 1 人具有大学教授职称，1 人具有大学副教授职称且为女性，其余 2 人具有高级工程师职称。评标专家中，工程经济专家 1 人、工程技术专家 1 人、工程管理专家 1 人、工程造价专家 1 人。

7.2 基于 SMART 准则建立评标指标体系的层次结构模型

按照 SMART 准则，考虑工程项目评价指标"特定、可测量、可得到、相关、可跟踪"的要求，根据该项目具体特点、要求，设计该工程项目评标指标体系。具体的筛选性评标指标体系如表 7.1 所示，参考性评标指标体系如表 7.2 所示。

表 7.1 筛选性评标指标体系

指标分类	一级指标	二级指标
筛选性评标指标	财务状况	银行资信
		经营能力
		资产负债
		流动资金
	业绩情况	质保体系
		类似项目完成情况
		发生诉讼及仲裁情况
		在建工程和新承接工程情况
		施工业绩
		合同信誉
		企业资质
		投标保证
	（如有联合体）	联合体相关情况

表 7.2   **参考性评标指标体系**

指标分类	一级指标	二级指标
参考性评标指标	风险	技术风险
		市场风险
		经营风险
	违约索赔情况	在履行合同过程中发生违约情形时的索赔情况

这里筛选性评标指标作为资格预审时，投标单位作为废标处理的依据；参考性评标指标的信息仅供参考，不作为评标的直接依据。

通过对评标体系中功能排序性指标因素的深入分析，将指标划分为表7.3 所示的层次结构。

表 7.3   **功能排序性评标指标体系**

指标分类	细分分类	一级指标	二级指标
功能排序性评标指标 G	经济因素评价	标价 A_1	总标价 B_{11}
			报价构成 B_{12}
			计量与支付 B_{13}
		工程质量 A_2	合同质量标准 B_{21}
			工程不达标的费用承担 B_{22}
			售后维修服务 B_{23}
	技术因素评价	施工组织设计 A_3	总体流程设计 B_{31}
			施工现场平面设计 B_{32}
			主要部位的施工方法及技术措施 B_{33}
			大型机械设备的选择、定位 B_{34}
			新工艺、新技术，工程难点及解决方案 B_{35}
			分包计划 B_{36}
			施工准备工作，施工组织管理 B_{37}
		施工工期计划可靠性 A_4	工期 B_{41}
			进度计划 B_{42}

续表

指标分类	细分分类	一级指标	二级指标
功能排序性评标指标 G	技术因素评价	工程建设能力 A_5	领导能力 B_{51}
			施工经验 B_{52}
			机械设备水平 B_{53}
			技术力量 B_{54}
			质量保证措施 B_{55}
	社会因素评价	保护措施 A_6	环境保护 B_{61}
			产业扶持 B_{62}
			保护弱势群体情况 B_{63}

7.3 基于层次分析法计算指标权重

7.3.1 计算群组判断矩阵

7.3.1.1 利用 MATLAB 计算判断矩阵

首先计算一级指标的判断矩阵和群组判断矩阵。请五位专家根据表 7.3 给出一级指标 A 相对于目标层 G 的判断矩阵，如图 7.1 所示。

G	专家1						专家2					
	A_1	A_2	A_3	A_4	A_5	A_6	A_1	A_2	A_3	A_4	A_5	A_6
A_1	1	2	1	1	2	3	1	1	1	2	2	2
A_2	1/2	1	2	2	1	2	1	1	1	2	1	2
A_3	1	1/2	1	2	2	3	1	1	1	2	1	2
A_4	1	1/2	1/2	1	1	2	1/2	1/2	1/2	1	2	2
A_5	1/2	1	1/2	1	1	2	1/2	1	1	1/2	1	2
A_6	1/3	1/2	1/3	1/2	1/2	1	1/2	1/2	1/2	1/2	1/2	1

（转下页）

G	专家3						专家4					
	A_1	A_2	A_3	A_4	A_5	A_6	A_1	A_2	A_3	A_4	A_5	A_6
A_1	1	3	2	1	3	4	1	2	1	1	2	1
A_2	1/3	1	2	3	2	3	1/2	1	2	1	3	2
A_3	1/2	1/2	1	1/2	2	3	1	1/2	1	2	4	2
A_4	1	1/3	2	1	3	4	1	1	1/2	1	3	2
A_5	1/3	1/2	1/2	1/3	1	3	1/2	1/3	1/4	1/3	1	3
A_6	1/4	1/3	1/3	1/4	1/3	1	1	1/2	1/2	1/2	1/3	1

G	专家5					
	A_1	A_2	A_3	A_4	A_5	A_6
A_1	1	1	2	2	2	2
A_2	1	1	2	2	2	3
A_3	1/2	1/2	1	3	3	3
A_4	1/2	1/2	1/3	1	4	4
A_5	1/2	1/2	1/3	1/4	1	4
A_6	1/2	1/3	1/3	1/4	1/4	1

图 7.1　一级指标 A 的判断矩阵

由 GAHP 决策方法，得出一级指标 A 相对于目标层 G 的群组判断矩阵，可用 MATLAB 程序[1]（见本书附录）计算得到如图 7.2 所示的群组判断矩阵。

G	A_1	A_2	A_3	A_4	A_5	A_6
A_1	1	1.6438	1.3195	1.3195	2.1689	2.1689
A_2	0.60836	1	1.7411	1.8882	1.6438	2.3522
A_3	0.75786	0.57435	1	1.6438	2.1689	2.5508
A_4	0.75786	0.52961	0.60836	1	2.3522	2.639
A_5	0.46105	0.60836	0.46105	0.42514	1	2.7019
A_6	0.46105	0.42514	0.39203	0.37893	0.37011	1

图 7.2　一级指标 A 的群组判断矩阵

---

① 苏金明，王永利. MATLAB7.0 实用指南 [M]. 北京：电子工业出版社，2004.

其次计算二级指标的判断矩阵和群组判断矩阵。第一步，请五位专家根据表7.3，给出的二级指标 B 相对于一级指标 A_1 的判断矩阵，如图7.3 所示。

A_1	专家1			专家2			专家3			专家4			专家5		
	B_{11}	B_{12}	B_{13}	B_{11}	B_{12}	B_{13}	B_{11}	B_{12}	B_{13}	B_{11}	B_{12}	B_{13}	B_{11}	B_{12}	B_{13}
B_{11}	1	2	3	1	2	1	1	1	2	1	2	4	1	3	4
B_{12}	1/2	1	2	1/2	1	1/2	1	1	2	1/2	1	3	1/3	1	4
B_{13}	1/3	1/2	1	1	2	1	1/2	1/2	1	1/4	1/3	1	1/4	1/4	1

图7.3　二级指标 B 相对于 A_1 的判断矩阵

同理，可用 MATLAB 程序计算得到如图7.4所示的二级指标 B 相对于一级指标 A_1 的群组判断矩阵。

A_1	B_{11}	B_{12}	B_{13}
B_{11}	1	1.8882	2.4915
B_{12}	0.5296	1	1.8882
B_{13}	0.4014	0.5296	1

图7.4　二级指标 B 相对于 A_1 的群组判断矩阵

第二步，请五位专家根据表7.3给出的二级指标 B 相对于一级指标 A_2 的判断矩阵，如图7.5所示。

A_2	专家1			专家2			专家3			专家4			专家5		
	B_{21}	B_{22}	B_{23}	B_{21}	B_{22}	B_{23}	B_{21}	B_{22}	B_{23}	B_{21}	B_{22}	B_{23}	B_{21}	B_{22}	B_{23}
B_{21}	1	2	3	1	2	2	1	1	1/2	1	2	1	1	1/2	1/3
B_{22}	1/2	1	2	1/2	1	1	1	1	1/2	1/2	1	1/2	2	1	1/2
B_{23}	1/3	1/2	1	1/2	1	1	2	2	1	1	2	1	3	2	1

图7.5　二级指标 B 相对于 A_2 的判断矩阵

同理，可用 MATLAB 程序计算得到如图 7.6 所示的二级指标 B 相对于一级指标 A_2 的群组判断矩阵。

A_2	B_{21}	B_{22}	B_{23}
B_{21}	1	1.3195	1
B_{22}	0.7579	1	0.7579
B_{23}	1	1.3195	1

图 7.6　二级指标 B 相对于 A_2 的群组判断矩阵

第三步，请五位专家根据表 7.3 给出的二级指标 B 相对于一级指标 A_3 的判断矩阵，如图 7.7 所示。

A_3	专家1							专家2						
	B_{31}	B_{32}	B_{33}	B_{34}	B_{35}	B_{36}	B_{37}	B_{31}	B_{32}	B_{33}	B_{34}	B_{35}	B_{36}	B_{37}
B_{31}	1	2	3	4	5	5	5	1	1	2	2	3	3	3
B_{32}	1/2	1	2	2	3	3	4	1	1	1	2	2	2	3
B_{33}	1/3	1/2	1	2	3	4	4	1/2	1	1	1	2	2	2
B_{34}	1/4	1/2	1/2	1	2	2	3	1/2	1/2	1	1	1	2	2
B_{35}	1/5	1/3	1/3	1/2	1	2	2	1/3	1/2	1/2	1	1	1	2
B_{36}	1/5	1/3	1/4	1/2	1/2	1	2	1/3	1/2	1/2	1/2	1/2	1	2
B_{37}	1/5	1/4	1/4	1/3	1/2	1/2	1	1/3	1/3	1/2	1/2	1/2	1/2	1
A_3	专家3							专家4						
	B_{31}	B_{32}	B_{33}	B_{34}	B_{35}	B_{36}	B_{37}	B_{31}	B_{32}	B_{33}	B_{34}	B_{35}	B_{36}	B_{37}
B_{31}	1	2	2	3	3	4	4	1	1	2	2	3	3	4
B_{32}	1/2	1	2	2	3	3	4	1	1	1	2	2	3	3
B_{33}	1/2	1/2	1	2	3	3	4	1/2	1	1	1	2	2	3
B_{34}	1/3	1/2	1/2	1	2	2	3	1/2	1/2	1	1	1	2	2
B_{35}	1/3	1/3	1/3	1/2	1	2	2	1/3	1/2	1/2	1	1	1	2
B_{36}	1/4	1/3	1/3	1/2	1/2	1	2	1/3	1/3	1/2	1/2	1	1	2
B_{37}	1/4	1/4	1/4	1/3	1/2	1/2	1	1/4	1/3	1/3	1/2	1/2	1/2	1

（转下页）

A_3	专家5						
	B_{31}	B_{32}	B_{33}	B_{34}	B_{35}	B_{36}	B_{37}
B_{31}	1	2	2	2	2	2	2
B_{32}	1/2	1	2	2	2	2	2
B_{33}	1/2	1/2	1	2	2	2	2
B_{34}	1/2	1/2	1/2	1	2	2	2
B_{35}	1/2	1/2	1/2	1/2	1	2	2
B_{36}	1/2	1/2	1/2	1/2	1/2	1	2
B_{37}	1/2	1/2	1/2	1/2	1/2	1/2	1

图7.7　二级指标 B 相对于 A_3 的判断矩阵

同理，可用 MATLAB 程序计算得到如图7.8所示的二级指标 B 相对于一级指标 A_3 的群组判断矩阵。

A_3	B_{31}	B_{32}	B_{33}	B_{34}	B_{35}	B_{36}	B_{37}
B_{31}	1	1.5157	2.1689	2.4915	3.0639	3.2453	3.4375
B_{32}	0.6598	1	1.5157	2	2.3522	2.5508	3.1037
B_{33}	0.4611	0.6598	1	1.5157	2.3522	2.4915	2.8619
B_{34}	0.4014	0.5	0.6598	1	1.5157	2	2.3522
B_{35}	0.3264	0.4251	0.4251	0.6598	1	1.7411	2
B_{36}	0.3081	0.3920	0.4014	0.5	0.5743	1	2
B_{37}	0.2909	0.3222	0.3494	0.4251	0.5	0.5	1

图7.8　二级指标 B 相对于 A_3 的群组判断矩阵

第四步，请五位专家根据表7.3给出的二级指标 B 相对于一级指标 A_4 的判断矩阵，如图7.9所示。

同理，可用 MATLAB 程序计算得到如图7.10所示的二级指标 B 相对于一级指标 A_4 的群组判断矩阵。

A_4	专家 1		专家 2		专家 3		专家 4		专家 5	
	B_{41}	B_{42}	B_{41}	B_{42}	B_{41}	B_{42}	B_{41}	B_{42}	B_{41}	B_{42}
B_{41}	1	2	1	1	1	3	1	1/2	1	2
B_{42}	1/2	1	1	1	1/3	1	2	1	1/2	1

图 7.9　二级指标 B 相对于 A_4 的判断矩阵

A_4	B_{41}	B_{42}
B_{41}	1	1.4310
B_{42}	0.6988	1

图 7.10　二级指标 B 相对于 A_4 的群组判断矩阵

第五步，请五位专家根据表 7.3 给出的二级指标 B 相对于一级指标 A_5 的判断矩阵，如图 7.11 所示。

A_5	专家 1					专家 2				
	B_{51}	B_{52}	B_{53}	B_{54}	B_{55}	B_{51}	B_{52}	B_{53}	B_{54}	B_{55}
B_{51}	1	2	2	3	3	1	1/2	1/2	1/3	1/3
B_{52}	1/2	1	2	2	2	2	1	2	2	3
B_{53}	1/2	1/2	1	2	3	2	1/2	1	2	2
B_{54}	1/3	1/2	1/2	1	3	3	1/2	1/2	1	2
B_{55}	1/3	1/2	1/3	1/3	1	3	1/3	1/2	1/2	1
A_5	专家 3					专家 4				
	B_{51}	B_{52}	B_{53}	B_{54}	B_{55}	B_{51}	B_{52}	B_{53}	B_{54}	B_{55}
B_{51}	1	2	3	3	4	1	1	2	2	2
B_{52}	1/2	1	2	3	4	1	1	1	2	2
B_{53}	1/3	1/2	1	2	3	1/2	1	1	1	2
B_{54}	1/3	1/3	1/2	1	3	1/2	1/2	1	1	2
B_{55}	1/4	1/4	1/3	1/3	1	1/2	1/2	1/2	1/2	1

（转下页）

A_5	专家5				
	B_{51}	B_{52}	B_{53}	B_{54}	B_{55}
B_{51}	1	1/4	1/2	1/3	1
B_{52}	4	1	3	3	4
B_{53}	2	1/3	1	1/2	2
B_{54}	3	1/3	2	1	2
B_{55}	1	1/4	1/2	1/2	1

图 7.11　二级指标 B 相对于 A_5 的判断矩阵

同理，可用 MATLAB 程序计算得到如图 7.12 所示的二级指标 B 相对于一级指标 A_5 的群组判断矩阵。

A_5	B_{51}	B_{52}	B_{53}	B_{54}	B_{55}
B_{51}	1	0.8706	1.2457	1.1487	1.5157
B_{52}	1.1487	1	1.8882	2.3522	2.8619
B_{53}	0.8027	0.5296	1	1.3195	2.3522
B_{54}	0.8706	0.4251	0.7579	1	2.3522
B_{55}	0.6598	0.3494	0.4251	0.4251	1

图 7.12　二级指标 B 相对于 A_5 的群组判断矩阵

第六步，继续请五位专家根据表7.3给出的二级指标 B 相对于一级指标 A_6 的判断矩阵，如图 7.13 所示。

A_6	专家1			专家2			专家3			专家4			专家5		
	B_{61}	B_{62}	B_{63}	B_{61}	B_{62}	B_{63}	B_{61}	B_{62}	B_{63}	B_{61}	B_{62}	B_{63}	B_{61}	B_{62}	B_{63}
B_{61}	1	2	3	1	2	1	1	2	2	1	2	2	1	2	1/2
B_{62}	1/2	1	2	1/2	1	1/2	1/2	1	1/2	1/2	1	2	1/2	1	1/3
B_{63}	1/3	1/2	1	1	2	1	1/2	2	1	1/2	1/2	1	2	3	1

图 7.13　二级指标 B 相对于 A_6 的判断矩阵

同理，可用 MATLAB 程序计算得到如图 7.14 所示的二级指标 B 相对于一级指标 A_6 的群组判断矩阵。

A_6	B_{61}	B_{62}	B_{63}
B_{61}	1	2	1.4310
B_{62}	0.5	1	0.8027
B_{63}	0.6988	1.2457	1

图 7.14 二级指标 B 相对于 A_6 的群组判断矩阵

7.3.1.2 利用 Excel 计算评判矩阵

我们在此再介绍一种更为直观的方法，利用 Excel 来计算，可能会让初学者更容易掌握。

首先计算一级指标的判断矩阵和群组判断矩阵。根据图 7.1，将数据输入 Excel 表中，如图 7.15 所示，并请注意工作表名称标签，专家 1、专家 2、专家 3、专家 4、专家 5，分别是五位专家的判断矩阵。

A1		f_x	G				
	A	B	C	D	E	F	G
1	G	A1	A2	A3	A4	A5	A6
2	A1	1	2	1	1	2	3
3	A2	1/2	1	2	2	1	2
4	A3	1	1/2	1	2	1	2
5	A4	1	1/2	1/2	1	1	2
6	A5	1/2	1	1/2	1	1	2
7	A6	1/2	1/2	1/3	1/2	1/2	1

专家1 | 专家2 | 专家3 | 专家4 | 专家5 | 求积 | 判断矩阵

（a）专家1

A1 ✕ ✓ fx | G

	A	B	C	D	E	F	G
1	G	A1	A2	A3	A4	A5	A6
2	A1	1	1	1	2	2	2
3	A2	1	1	1	2	1	2
4	A3	1	1	1	2	1	2
5	A4	1/2	1/2	1/2	1	2	2
6	A5	1/2	1	1	1/2	1	2
7	A6	1/2	1/2	1/2	1/2	1/2	1

专家1 | 专家2 | 专家3 | 专家4 | 专家5 | 求积 | 判断矩阵

（b）专家2

I8 ✕ ✓ fx |

	A	B	C	D	E	F	G
1	G	A1	A2	A3	A4	A5	A6
2	A1	1	3	2	1	3	4
3	A2	1/3	1	2	3	2	3
4	A3	1/2	1/2	1	1/2	2	3
5	A4	1	1/3	2	1	3	4
6	A5	1/3	1/2	1/2	1/3	1	3
7	A6	1/4	1/3	1/3	1/4	1/3	1

专家1 | 专家2 | 专家3 | 专家4 | 专家5 | 求积 | 判断矩阵

（c）专家3

A1 ✕ ✓ fx | G

	A	B	C	D	E	F	G
1	G	A1	A2	A3	A4	A5	A6
2	A1	1	2	1	1	2	1
3	A2	1/2	1	2	1	3	2
4	A3	1	1/2	1	2	4	2
5	A4	1	1	1/2	1	3	2
6	A5	1/2	1/2	1/4	1/3	1	3
7	A6	1	1/2	1/2	1/2	1/3	1

专家1 | 专家2 | 专家3 | 专家4 | 专家5 | 求积 | 判断矩阵

（d）专家4

G	A1	A2	A3	A4	A5	A6
A1	1	1	2	2	2	2
A2	1	1	2	2	2	3
A3	1/2	1/2	1	3	3	3
A4	1/2	1/2	1/3	1	4	4
A5	1/2	1/2	1/3	1/4	1	4
A6	1/2	1/3	1/3	1/4	1/4	1

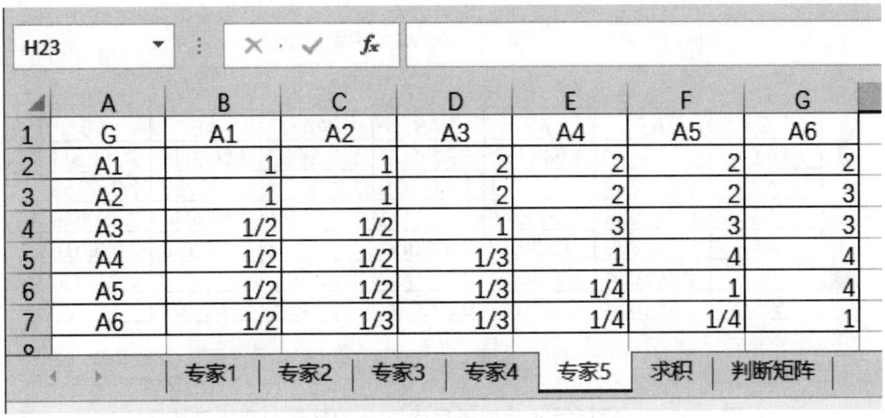

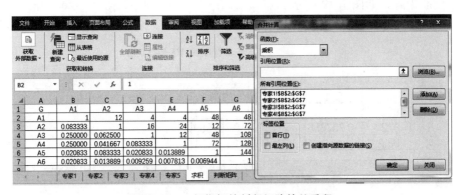

（e）专家5

图 7.15　五位专家一级指标的判断矩阵

接着，由 GAHP 决策方法，得出一级指标 A 相对于目标层 G 的群组判断矩阵，可用 Excel 的合并计算功能，先算元素的乘积，结果如图 7.16 所示，再开 5 次方，用到 Excel 的 POWER（ ）函数，群组判断矩阵结果如图 7.17 所示。请注意得到的结果保留小数位数较多，可以和 MATLAB 程序计算的结果进行比较和核对。

其次计算二级指标的判断矩阵和群组判断矩阵。第一步，利用同样的方法，可以得出二级指标 B 相对于一级指标 A_1 的群组判断矩阵，如图 7.18 所示。

G	A1	A2	A3	A4	A5	A6
A1	1	12	4	4	48	48
A2	0.083333	1	16	24	12	72
A3	0.250000	0.062500	1	12	48	108
A4	0.250000	0.041667	0.083333	1	72	128
A5	0.020833	0.083333	0.020833	0.013889	1	144
A6	0.020833	0.013889	0.009259	0.007813	0.006944	1

图 7.16　一级指标的判断矩阵的总乘积

图 7.17　一级指标 A 相对于目标层 G 的群组判断矩阵结果

图 7.18　二级指标 B 相对于一级指标 A_1 的群组判断矩阵结果

第二步，利用同样的方法，可以得出二级指标 B 相对于一级指标 A_2 的群组判断矩阵，如图 7.19 所示。

图 7.19　二级指标 B 相对于一级指标 A_2 的群组判断矩阵结果

　　第三步，利用同样的方法，可以得出二级指标 B 相对于一级指标 A_3 的群组判断矩阵，如图 7.20 所示。

B2			f_x	=POWER(求积!B2,0.2)			
	A	B	C	D	E	F	G	H
1	A3	B31	B32	B33	B34	B35	B36	B37
2	B31	1	1.515717	2.168944	2.491462	3.063887	3.245342	3.437544
3	B32	0.659754	1	1.515717	2	2.352158	2.550849	3.103691
4	B33	0.461054	0.659754	1	1.515717	2.550849	2.491462	3.287504
5	B34	0.401371	0.5	0.659754	1	1.515717	2	2.550849
6	B35	0.326383	0.425142	0.425142	0.659754	1	1.741101	2
7	B36	0.308134	0.392026	0.401371	0.5	0.574349	1	2
8	B37	0.290905	0.322197	0.349414	0.425142	0.5	0.5	1
9								

　　专家1　专家2　专家3　专家4　专家5　求积　**判断矩阵**　⊕

图 7.20　二级指标 B 相对于一级指标 A_3 的群组判断矩阵结果

　　第四步，利用同样的方法，可以得出二级指标 B 相对于一级指标 A_4 的群组判断矩阵，如图 7.21 所示。

B2			f_x	=POWER(求积!B2,0.2)			
	A	B	C	D	E	F	G
1	A4	B41	B42				
2	B41	1	1.430969				
3	B42	0.698827	1				

　　专家1　专家2　专家3　专家4　专家5　求积　**判断矩阵**

图 7.21　二级指标 B 相对于一级指标 A_4 的群组判断矩阵结果

　　第五步，利用同样的方法，可以得出二级指标 B 相对于一级指标 A_5 的群组判断矩阵，如图 7.22 所示。

　　第六步，利用同样的方法，可以得出二级指标 B 相对于一级指标 A_6 的群组判断矩阵，如图 7.23 所示。

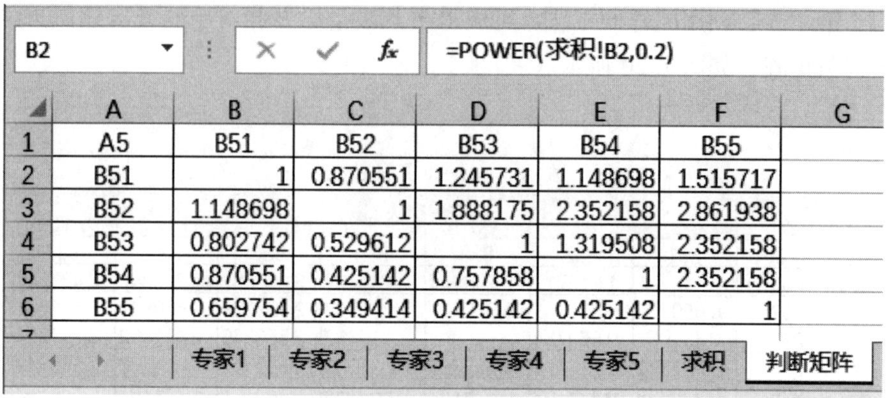

A5	B51	B52	B53	B54	B55
B51	1	0.870551	1.245731	1.148698	1.515717
B52	1.148698	1	1.888175	2.352158	2.861938
B53	0.802742	0.529612	1	1.319508	2.352158
B54	0.870551	0.425142	0.757858	1	2.352158
B55	0.659754	0.349414	0.425142	0.425142	1

图 7.22　二级指标 B 相对于一级指标 A_5 的群组判断矩阵结果

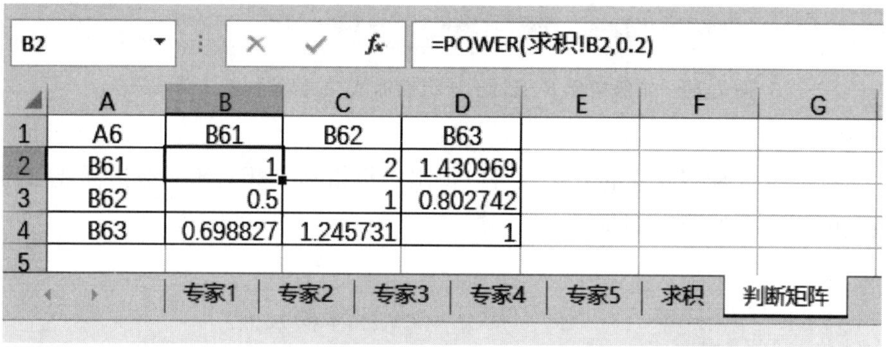

A6	B61	B62	B63
B61	1	2	1.430969
B62	0.5	1	0.802742
B63	0.698827	1.245731	1

图 7.23　二级指标 B 相对于一级指标 A_6 的群组判断矩阵结果

7.3.2　计算各层次单排序权值及一致性检验

7.3.2.1　利用 MATLAB 计算各层次单排序权值及一致性检验

根据第 5 章的内容，要对各个判断矩阵确定排序权值以及进行一致性检验。

（1）运用层次分析法，根据图 7.2 中数据，依次代入式（5.3）至式（5.8）等公式，求得判断矩阵 $G-A$ 的各个参数值。

$$A = \begin{bmatrix} 1 & 1.6438 & 1.3195 & 1.3195 & 2.1689 & 2.1689 \\ 0.60836 & 1 & 1.7411 & 1.8882 & 1.6438 & 2.3522 \\ 0.75786 & 0.57435 & 1 & 1.6438 & 2.1689 & 2.5508 \\ 0.75786 & 0.52961 & 0.60836 & 1 & 2.3522 & 2.639 \\ 0.46105 & 0.60836 & 0.46105 & 0.42514 & 1 & 2.7019 \\ 0.46105 & 0.42514 & 0.39203 & 0.37893 & 0.37011 & 1 \end{bmatrix}; \ w = \begin{bmatrix} 0.2382 \\ 0.2171 \\ 0.1942 \\ 0.1655 \\ 0.1124 \\ 0.0726 \end{bmatrix};$$

$$\lambda_{\max} = 6.2504$$

并且因为

CI1 $= 0.0501$，RI1 $= 1.26$，CR1 $=$ CI1/RI1 $= 0.0397 < 0.10$

从而，判断矩阵的一致性是令人满意的。

（2）运用层次分析法，根据图 7.4 中数据，依次代入式（5.3）至式（5.8）等公式，求得判断矩阵 $A_1 - B$ 的各个参数值。

$$B_1 = \begin{bmatrix} 1 & 1.8882 & 2.4915 \\ 0.5296 & 1 & 1.8882 \\ 0.4014 & 0.5296 & 1 \end{bmatrix}; \ w = \begin{bmatrix} 0.5120 \\ 0.3056 \\ 0.1824 \end{bmatrix}; \ \lambda_{\max} = 3.0143$$

并且因为

CI21 $= 0.0071$，RI21 $= 0.52$，CR21 $=$ CI21/RI21 $= 0.0137 < 0.10$

从而，判断矩阵的一致性是令人满意的。

（3）运用层次分析法，根据图 7.6 中数据，依次代入式（5.3）至式（5.8）等公式，求得判断矩阵 $A_2 - B$ 的各个参数值。

$$B_2 = \begin{bmatrix} 1 & 1.3195 & 1 \\ 0.7579 & 1 & 0.7579 \\ 1 & 1.3195 & 1 \end{bmatrix}; \ w = \begin{bmatrix} 0.3626 \\ 0.2748 \\ 0.3626 \end{bmatrix}; \ \lambda_{\max} = 3$$

并且因为

CI22 $= 0$，RI22 $= 0.52$，CR22 $=$ CI22/RI22 $= 0 < 0.10$

从而，判断矩阵的一致性是令人满意的。

（4）运用层次分析法，根据图 7.8 中数据，依次代入式（5.3）至式（5.8）等公式，求得判断矩阵 $A_3 - B$ 的各个参数值。

$$B_3 = \begin{bmatrix} 1 & 1.5157 & 2.1689 & 2.4915 & 3.0639 & 3.2453 & 3.4375 \\ 0.6598 & 1 & 1.5157 & 2 & 2.3522 & 2.5508 & 3.1037 \\ 0.4611 & 0.6598 & 1 & 1.5157 & 2.3522 & 2.4915 & 2.8619 \\ 0.4014 & 0.5 & 0.6598 & 1 & 1.5157 & 2 & 2.3522 \\ 0.3264 & 0.4251 & 0.4251 & 0.6598 & 1 & 1.7411 & 2 \\ 0.3081 & 0.3920 & 0.4014 & 0.5 & 0.5743 & 1 & 2 \\ 0.2909 & 0.3222 & 0.3494 & 0.4251 & 0.5 & 0.5 & 1 \end{bmatrix}; \quad w = \begin{bmatrix} 0.2763 \\ 0.2071 \\ 0.1707 \\ 0.1239 \\ 0.0929 \\ 0.0741 \\ 0.0550 \end{bmatrix};$$

$$\lambda_{max} = 7.1677$$

并且因为

CI23 = 0.0280，RI23 = 1.36，CR23 = CI23/RI23 = 0.0206 < 0.10

从而，判断矩阵的一致性是令人满意的。

（5）运用层次分析法，根据图 7.10 中数据，依次代入式（5.3）至式（5.8）等公式，求得判断矩阵 $A_4 - B$ 的各个参数值。

$$B_4 = \begin{bmatrix} 1 & 1.4310 \\ 0.6988 & 1 \end{bmatrix}; \quad w = \begin{bmatrix} 0.5886 \\ 0.4114 \end{bmatrix}$$

（6）运用层次分析法，根据图 7.12 中数据，依次代入式（5.3）至式（5.8）等公式，求得判断矩阵 $A_5 - B$ 的各个参数值。

$$B_5 = \begin{bmatrix} 1 & 0.8706 & 1.2457 & 1.1487 & 1.5157 \\ 1.1487 & 1 & 1.8882 & 2.3522 & 2.8619 \\ 0.8027 & 0.5296 & 1 & 1.3195 & 2.3522 \\ 0.8706 & 0.4251 & 0.7579 & 1 & 2.3522 \\ 0.6598 & 0.3494 & 0.4251 & 0.4251 & 1 \end{bmatrix}; \quad w = \begin{bmatrix} 0.2122 \\ 0.3194 \\ 0.1975 \\ 0.1719 \\ 0.0990 \end{bmatrix};$$

$$\lambda_{max} = 5.0911$$

并且因为

CI25 = 0.0228，RI25 = 1.12，CR25 = CI25/RI25 = 0.0203 < 0.10

从而，判断矩阵的一致性是令人满意的。

（7）运用层次分析法，根据图 7.14 中数据，依次代入式（5.3）至式（5.8）等公式，求得判断矩阵 $A_6 - B$ 的各个参数值。

$$B_6 = \begin{bmatrix} 1 & 2 & 1.4310 \\ 0.5 & 1 & 0.8027 \\ 0.6988 & 1.2457 & 1 \end{bmatrix}; \quad w = \begin{bmatrix} 0.4562 \\ 0.2370 \\ 0.3068 \end{bmatrix}; \quad \lambda_{max} = 3.0015$$

并且因为

CI26 = 0.0007，RI26 = 0.52，CR26 = CI26/RI26 = 0.0014 < 0.10

从而，判断矩阵的一致性是令人满意的。

7.3.2.2　利用 Excel 计算各层次单排序权值及一致性检验

（1）运用层次分析法，根据图 7.17 中数据，依次结合式（5.3）至式（5.8）等公式，使用 Excel 计算求得判断矩阵 $G-A$ 的各个参数值，如图 7.24 所示。注意 Mi 用的是 PRODUCT（）函数、Wi 用的是 POWER（）函数。

J2		⋮	× ✓	f_x	=I2/$I$8				
▲	A	B	C	D	E	F	G	H	I	J
1	G	A1	A2	A3	A4	A5	A6	Mi	Wi	W
2	A1	1	1.643752	1.319508	1.319508	2.168944	2.168944	13.46346	1.542385	0.2382
3	A2	0.608364	1	1.741101	1.888175	1.643752	2.352158	7.732728	1.406227	0.2171
4	A3	0.757858	0.574349	1	1.643752	2.168944	2.550849	3.958524	1.257734	0.1942
5	A4	0.757858	0.529612	0.608364	1	2.352158	2.639016	1.515717	1.071773	0.1655
6	A5	0.461054	0.608364	0.461054	0.425142	1	2.701920	0.14855	0.727744	0.1124
7	A6	0.461054	0.425142	0.392026	0.378929	0.370107	1	0.010777	0.469982	0.0726
8								求和	6.475846	
9										
10										
	◀ ... 专家2 专家3 专家4 专家5 求积 判断矩阵 特征向量 ⊕ ⋮ ◀									

图 7.24　特征向量计算结果

接着计算最大特征根，这里用到 MMULT（）函数，计算结果时注意用到 Ctrl + Shift + Enter 组合键，结果如图 7.25 所示。

最后，进行一致性检验，计算结果如图 7.26 所示。从图 7.26 中显示，判断矩阵的一致性是令人满意的。

I2				× ✓ fx	{=MMULT(B2:G7,H2:H7)}					
	A	B	C	D	E	F	G	H	I	J	K

	G	A1	A2	A3	A4	A5	A6	W	AW	AW/nW	最大特征根
A1	1	1.643752	1.319508	1.319508	2.168944	2.168944	0.2382	1.470924	1.029302	6.2504
A2	0.608364	1	1.741101	1.888175	1.643752	2.352158	0.2171	1.36813	1.050067	
A3	0.757858	0.574349	1	1.643752	2.168944	2.550849	0.1942	1.200357	1.03007	
A4	0.757858	0.529612	0.608364	1	2.352158	2.639016	0.1655	1.035024	1.0423	
A5	0.461054	0.608364	0.461054	0.425142	1	2.70192	0.1124	0.710294	1.053428	
A6	0.461054	0.425142	0.392026	0.378929	0.370107	1	0.0726	0.455151	1.045248	

专家3 | 专家4 | 专家5 | 求积 | 判断矩阵 | 特征向量 | 最大特征根

图 7.25　最大特征根计算结果

M2				× ✓ fx	=L2/G2

	A	B	C	D	E	F	G	H	I	J	K	L	M	N
1	n	1	2	3	4	5	6	7	8	9	10	CI1	CR1	
2	RI	0	0	0.52	0.89	1.12	1.26	1.36	1.41	1.46	1.49	0.050083	0.039748	<0.10

求积 | 判断矩阵 | 特征向量 | 最大特征根 | 一致性检验

图 7.26　一致性检验结果

（2）同理根据图 7.18 中的数据，使用 Excel 计算求得判断矩阵 $A_1 - B$ 的各个参数值，如图 7.27、图 7.28、图 7.29 所示。而且，判断矩阵的一致性是令人满意的。

G2			× ✓ fx	=F2/$F$5

	A	B	C	D	E	F	G
1	A1	B11	B12	B13	Mi	Wi	W
2	B11	1	1.888175	2.491462	4.704316	1.675581	0.5120
3	B12	0.529612	1	1.888175	1	1	0.3056
4	B13	0.401371	0.529612	1	0.212571	0.596808	0.1824
5					求和	3.272389	
6							

专家2 | 专家3 | 专家4 | 专家5 | 求积 | 判断矩阵 | 特征向量

图 7.27　特征向量计算结果

图 7.28 最大特征根计算结果

图 7.29 一致性检验结果

（3）同理根据图 7.19 中的数据，使用 Excel 计算求得判断矩阵 $A_2 - B$ 的各个参数值，如图 7.30、图 7.31、图 7.32 所示。而且，判断矩阵的一致性是令人满意的。

图 7.30 特征向量计算结果

H2		f_x	=SUM(G2:G4)				
	A	B	C	D	E	F	G	H
1	A2	B21	B22	B23	W	AW	AW/nW	最大特征根
2	B21	1	1.319508	1	0.3626	1.087801	1	3.0000
3	B22	0.757858	1	0.757858	0.2748	0.824399	1	
4	B23	1	1.319508	1	0.3626	1.087801	1	
5								

… | 专家3 | 专家4 | 专家5 | 求积 | 判断矩阵 | 特征向量 | **最大特征根** | ⊕

图 7.31 最大特征根计算结果

M2		f_x	=L2/D2									
	A	B	C	D	E	F	G	H	I	J	K	L	M	N
1	n	1	2	3	4	5	6	7	8	9	10	CI22	CR22	
2	RI	0	0	0.52	0.89	1.12	1.26	1.36	1.41	1.46	1.49	0	0.0000	<0.10
3														

… | 专家5 | 求积 | 判断矩阵 | 特征向量 | 最大特征根 | **一致性检验** | ⊕

图 7.32 一致性检验结果

（4）同理根据图 7.20 中的数据，使用 Excel 计算求得判断矩阵 $A_3 - B$ 的各个参数值，如图 7.33、图 7.34、图 7.35 所示。而且，判断矩阵的一致性是令人满意的。

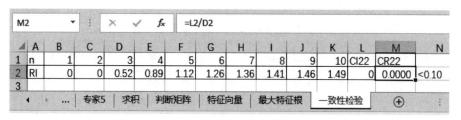

图 7.33 特征向量计算结果

L2 ｜ × ✓ fx ｜ =SUM(K2:K8)

	A	B	C	D	E	F	G	H	I	J	K	L
1	A3	B31	B32	B33	B34	B35	B36	B37	W	AW	AW/nW	最大特征根
2	B31	1	1.515717	2.168944	2.491462	3.063887	3.245342	3.437544	0.2763	1.98329	1.0255	7.1677
3	B32	0.659754	1	1.515717	2.352158	2.550849	3.103691		0.2071	1.47415	1.01681	
4	B33	0.461054	0.659754	1	1.515717	2.550849	2.491462	3.287504	0.1707	1.224878	1.02493	
5	B34	0.401371	0.5	0.659754	1	1.515717	2	2.550849	0.1239	0.880248	1.01457	
6	B35	0.326383	0.425142	0.425142	0.659754	1	1.741101	2	0.0928	0.664431	1.0221	
7	B36	0.308134	0.392026	0.401371	0.5	0.574349	1	2	0.0741	0.534264	1.03055	
8	B37	0.290905	0.322197	0.349414	0.425142	0.5	0.5	1	0.0550	0.397932	1.03308	

… 专家3 专家4 专家5 求积 判断矩阵 特征向量 **最大特征根** ⊕ ◀

图 7.34 最大特征根计算结果

M2 ｜ × ✓ fx ｜ =L2/H2

	A	B	C	D	E	F	G	H	I	J	K	L	M	N
1	n	1	2	3	4	5	6	7	8	9	10	CI23	CR23	
2	RI	0	0	0.52	0.89	1.12	1.26	1.36	1.41	1.46	1.49	0.027956	0.0206	<0.10

… 专家5 求积 判断矩阵 特征向量 最大特征根 **一致性检验** ⊕ ◀

图 7.35 一致性检验结果

（5）同理根据图 7.21 中的数据，使用 Excel 计算求得判断矩阵 $A_4 - B$ 的各个参数值，如图 7.36 所示。由于 $n < 3$，不用进行一致性检验。

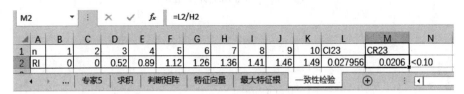

F3 ｜ × ✓ fx ｜ =E3/$E$4

	A	B	C	D	E	F	G
1	A4	B41	B42	Mi	Wi	W	
2	B41	1	1.430969	1.430969	1.196231	0.5886	
3	B42	0.698827	1	0.698827	0.835959	0.4114	
4				求和	2.03219		

… 专家2 专家3 专家4 专家5 求积 判断矩阵 **特征向量**

图 7.36 特征向量计算结果

（6）同理根据图 7.22 中的数据，使用 Excel 计算求得判断矩阵 $A_5 - B$ 的各个参数值，如图 7.37、图 7.38、图 7.39 所示。而且，判断矩阵的一致性是令人满意的。

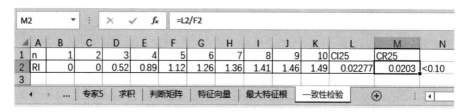

H7 =SUM(H2:H6)

A5	B51	B52	B53	B54	B55	Mi	Wi	W
B51	1	0.870551	1.245731	1.148698	1.515717	1.888175	1.135556	0.2122
B52	1.148698	1	1.888175	2.352158	2.861938	14.60074	1.709523	0.3194
B53	0.802742	0.529612	1	1.319508	2.352158	1.319508	1.057018	0.1975
B54	0.870551	0.425142	0.757858	1	2.352158	0.659754	0.920188	0.1719
B55	0.659754	0.349414	0.425142	0.425142	1	0.041667	0.529612	0.0990
						求和	5.351897	

专家2 | 专家3 | 专家4 | 专家5 | 求积 | 判断矩阵 | 特征向量

图 7.37　特征向量计算结果

J2 =SUM(I2:I6)

A5	B51	B52	B53	B54	B55	W	AW	AW/nW	最大特征根
B51	1	0.870551	1.245731	1.148698	1.515717	0.2122	1.083784	1.021579	5.0911
B52	1.148698	1	1.888175	2.352158	2.861938	0.3194	1.623707	1.016648	
B53	0.802742	0.529612	1	1.319508	2.352158	0.1975	0.996635	1.009233	
B54	0.870551	0.425142	0.757858	1	2.352158	0.1719	0.874893	1.017692	
B55	0.659754	0.349414	0.425142	0.425142	1	0.0990	0.507619	1.025929	

专家3 | 专家4 | 专家5 | 求积 | 判断矩阵 | 特征向量 | 最大特征根

图 7.38　最大特征根计算结果

M2 =L2/F2

n	1	2	3	4	5	6	7	8	9	10	CI25	CR25	
RI	0	0	0.52	0.89	1.12	1.26	1.36	1.41	1.46	1.49	0.02277	0.0203	<0.10

专家5 | 求积 | 判断矩阵 | 特征向量 | 最大特征根 | 一致性检验

图 7.39　一致性检验结果

（7）同理根据图 7.23 中的数据，使用 Excel 计算求得判断矩阵 A_6-B 的各个参数值，如图 7.40、图 7.41、图 7.42 所示。而且，判断矩阵的一致性是令人满意的。

图7.40 特征向量计算结果

图7.41 最大特征根计算结果

图7.42 一致性检验结果

7.3.3 计算层次总排序权值及一致性检验

7.3.3.1 利用MATLAB计算层次总排序权值及一致性检验

层次总排序结果可根据表5.3，代入各层次单排序的结果，可得出层次总排序权值，如表7.4所示。

表 7.4　　　　　　　　　　　　　　　层次总排序权值

指标分类	细分分类	一级指标	二级指标	
功能排序性评标指标 G	经济因素评价	标价 A_1 0.2382	总标价 B_{11}	0.1220
			报价构成 B_{12}	0.0728
			计量与支付 B_{13}	0.0434
		工程质量 A_2 0.2171	合同质量标准 B_{21}	0.0787
			工程不达标的费用承担 B_{22}	0.0597
			售后维修服务 B_{23}	0.0787
	技术因素评价	施工组织设计 A_3 0.1942	总体流程设计 B_{31}	0.0537
			施工现场平面设计 B_{32}	0.0402
			主要部位的施工方法及技术措施 B_{33}	0.0332
			大型机械设备的选择、定位 B_{34}	0.0241
			新工艺、新技术，工程难点及解决方案 B_{35}	0.0180
			分包计划 B_{36}	0.0144
			施工准备工作，施工组织管理 B_{37}	0.0107
		施工工期计划可靠性 A_4 0.1655	工期 B_{41}	0.0974
			进度计划 B_{42}	0.0681
		工程建设能力 A_5 0.1124	领导能力 B_{51}	0.0238
			施工经验 B_{52}	0.0359
			机械设备水平 B_{53}	0.0222
			技术力量 B_{54}	0.0193
			质量保证措施 B_{55}	0.0111
	社会因素评价	保护措施 A_6 0.0726	环境保护 B_{61}	0.0331
			产业扶持 B_{62}	0.0172
			保护弱势群体情况 B_{63}	0.0223

根据式（5.9）计算，并且因为

$$CR = 0.0097/0.6645 = 0.0147 < 0.10$$

从而，判断矩阵的一致性是令人满意的。

7.3.3.2　利用 Excel 计算层次总排序权值及一致性检验

根据表 5.3，代入各层次单排序的结果，可得出层次总排序权值，如图 7.43 所示。注意这里用到 MMULT（）函数用于矩阵乘法，TRANSPOSE（）用于矩阵转置。

层次 B	层次 A						B 层次的总排序
	A1	A2	A3	A4	A5	A6	
	0.2382	0.2171	0.1942	0.1655	0.1124	0.0726	
B11	0.5120	0.0000	0.0000	0.0000	0.0000	0.0000	0.1220
B12	0.3056	0.0000	0.0000	0.0000	0.0000	0.0000	0.0728
B13	0.1824	0.0000	0.0000	0.0000	0.0000	0.0000	0.0434
B21	0.0000	0.3626	0.0000	0.0000	0.0000	0.0000	0.0787
B22	0.0000	0.2748	0.0000	0.0000	0.0000	0.0000	0.0597
B23	0.0000	0.3626	0.0000	0.0000	0.0000	0.0000	0.0787
B31	0.0000	0.0000	0.2763	0.0000	0.0000	0.0000	0.0537
B32	0.0000	0.0000	0.2071	0.0000	0.0000	0.0000	0.0402
B33	0.0000	0.0000	0.1707	0.0000	0.0000	0.0000	0.0332
B34	0.0000	0.0000	0.1239	0.0000	0.0000	0.0000	0.0241
B35	0.0000	0.0000	0.0928	0.0000	0.0000	0.0000	0.0180
B36	0.0000	0.0000	0.0741	0.0000	0.0000	0.0000	0.0144
B37	0.0000	0.0000	0.0550	0.0000	0.0000	0.0000	0.0107
B41	0.0000	0.0000	0.0000	0.5886	0.0000	0.0000	0.0974
B42	0.0000	0.0000	0.0000	0.4114	0.0000	0.0000	0.0681
B51	0.0000	0.0000	0.0000	0.0000	0.2122	0.0000	0.0238
B52	0.0000	0.0000	0.0000	0.0000	0.3194	0.0000	0.0359
B53	0.0000	0.0000	0.0000	0.0000	0.1975	0.0000	0.0222
B54	0.0000	0.0000	0.0000	0.0000	0.1719	0.0000	0.0193
B55	0.0000	0.0000	0.0000	0.0000	0.0990	0.0000	0.0111
B61	0.0000	0.0000	0.0000	0.0000	0.0000	0.4562	0.0331
B62	0.0000	0.0000	0.0000	0.0000	0.0000	0.2370	0.0172
B63	0.0000	0.0000	0.0000	0.0000	0.0000	0.3068	0.0223
						求和	1.0000

图 7.43　利用 Excel 计算层次总排序权值截图

同样的，根据式（5.9），利用 Excel 计算结果如图 7.44 所示。请注意 MMULT（）函数和 TRANSPOSE（）函数的用法。

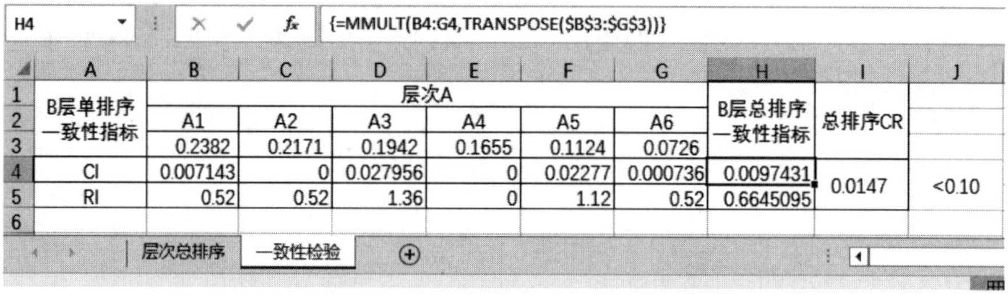
H4 {=MMULT(B4:G4,TRANSPOSE($B$3:$G$3))}

B层单排序一致性指标	层次A						B层总排序一致性指标	总排序CR	
	A1	A2	A3	A4	A5	A6			
	0.2382	0.2171	0.1942	0.1655	0.1124	0.0726			
CI	0.007143	0	0.027956	0	0.02277	0.000736	0.0097431	0.0147	<0.10
RI	0.52	0.52	1.36	0	1.12	0.52	0.6645095		

图 7.44　利用 Excel 计算层次总排序一致性检验结果

总之，以上计算所得的指标体系权重值都是可行的，并为后面的评标提供了数据支撑。

7.4　基于价值工程和成本效益分析联合评标的实证分析

根据第 6 章基于价值工程和成本效益分析的联合评标模式进行评标，要先进行价值工程评标，然后再进行成本效益分析评标，最后进行综合分析。

7.4.1　价值工程评标

7.4.1.1　功能系数的计算

在本案例中，采用 1 ~ 10 分制评分法，分为优、良、中、一般、差五个类别。各类别分值设置如表 7.5 所示。

P_1、P_2、P_3、P_4、P_5 为五位专家的针对表 7.3 中的各功能排序性指标进行评价打分，$\bar{P}_i$是五位专家的平均分。根据各投标人指标评审分值，如表 7.6 所示。根据式（6.4）计算的功能系数，如表 7.7 所示。同样地，使用 Excel 计算得到的结果如表 7.8 所示。请注意这里没有用 MMULT（）函数和 TRANS-

POSE（）函数，而是用的 SUMPRODUCT（）。

表 7.5　　　　　　　　　　　　评审类别分值设置

类别	优	良	中	一般	差
分值	10~9	8~7	6~5	4~3	2~1

表 7.6　　　　　　　　　　　　各投标人指标评审分值

评标指标		专家	T_1						T_2						T_3					
名称	权重 W_i		P_1	P_2	P_3	P_4	P_5	$\overline{P}_i$	P_1	P_2	P_3	P_4	P_5	$\overline{P}_i$	P_1	P_2	P_3	P_4	P_5	$\overline{P}_i$
B_{11}	0.1220		10	9	8	9	10	9.2	8	8	7	7	7	7.4	7	8	7	8	7	7.4
B_{12}	0.0728		9	8	10	9	9	9	6	5	4	3	6	4.8	6	7	6	6	6	6.2
B_{13}	0.0434		9	8	7	7	6	7.4	7	6	6	5	5	5.8	6	5	5	6	6	5.6
B_{21}	0.0787		7	8	6	5	4	6	8	7	6	6	7	6.8	7	7	8	8	8	7.6
B_{22}	0.0597		5	7	8	10	9	7.8	5	6	6	5	5	5.4	5	4	5	6	5	5
B_{23}	0.0787		6	9	9	10	8	8.4	8	8	8	7	7	7.6	8	6	6	7	7	6.8
B_{31}	0.0537		10	9	7	9	10	9	9	9	8	8	8	8.4	6	6	6	6	6	6
B_{32}	0.0402	评审分值	8	9	9	9	8	8.6	8	8	9	9	9	8.6	4	5	3	2	1	3
B_{33}	0.0332		5	6	7	7	7	6.4	7	7	7	7	8	7.2	5	4	3	3	3	3.6
B_{34}	0.0241		5	5	6	6	6	5.6	6	6	5	5	4	5.2	5	4	5	4	5	4.6
B_{35}	0.0180		9	8	7	8	8	8	5	5	5	5	4	4.8	4	3	4	4	5	4
B_{36}	0.0144		9	10	10	10	10	9.8	6	6	6	6	6	6	10	9	8	8	8	8.6
B_{37}	0.0107		4	4	3	3	4	3.6	10	9	9	9	8	9	8	8	8	9	8	8.2
B_{41}	0.0974		10	9	8	8	7	8.4	7	7	7	7	7	7	8	7	8	7	8	7.6
B_{42}	0.0681		8	9	9	8	9	8.6	8	8	9	9	9	8.6	5	5	6	5	5	5.2
B_{51}	0.0238		7	8	10	6	4	7	7	8	7	7	8	7.4	7	5	6	6	6	6.4
B_{52}	0.0359		10	9	9	8	9	9	6	5	7	7	8	6.6	5	5	6	5	6	5.4
B_{53}	0.0222		9	8	8	8	8	8.2	9	8	6	7	7	7.4	6	6	6	7	7	6.4
B_{54}	0.0193		6	8	7	5	6	6.4	9	9	9	9	8	8.6	5	4	5	4	4	4.4
B_{55}	0.0111		8	7	7	8	7	7.4	5	4	4	4	4	4.2	5	7	6	5	6	5.8
B_{61}	0.0331		6	5	4	3	2	4	5	5	4	4	4	4.4	4	3	5	4	3	3.8
B_{62}	0.0172		5	6	6	7	7	6.2	4	3	5	5	5	4.4	9	9	9	9	9	9
B_{63}	0.0223		7	6	6	7	6	6.8	4	4	4	4	5	4.4	5	6	6	5	6	5.6

表7.7 功能系数计算

评审项	评审项计算公式	T_1	T_2	T_3
功能系数	$F_i = \sum (\overline{P_i} \times W_i)$	7.8696	6.7578	6.1231

表7.8 利用 Excel 计算的功能系数结果

指标	权重	T_1	T_2	T_3
B_{11}	0.1220	9.2	7.4	7.4
B_{12}	0.0728	9	4.8	6.2
B_{13}	0.0434	7.4	5.8	5.6
B_{21}	0.0787	6	6.8	7.6
B_{22}	0.0597	7.8	5.4	5
B_{23}	0.0787	8.4	7.6	6.8
B_{31}	0.0537	9	8.4	6
B_{32}	0.0402	8.6	8.6	3
B_{33}	0.0332	6.4	7.2	3.6
B_{34}	0.0241	5.6	5.2	4.6
B_{35}	0.0180	8	4.8	4
B_{36}	0.0144	9.8	6	8.6
B_{37}	0.0107	3.6	9	8.2
B_{41}	0.0974	8.4	7	7.6
B_{42}	0.0681	8.6	8.6	5.2
B_{51}	0.0238	7	7.4	6.4
B_{52}	0.0359	9	6.6	5.4
B_{53}	0.0222	8.2	7.4	6.4
B_{54}	0.0193	6.4	8.6	4.4
B_{55}	0.0111	7.4	4.2	5.8
B_{61}	0.0331	4	4.4	3.8
B_{62}	0.0172	6.2	4.4	9
B_{63}	0.0223	6.8	4	5.6
功能系数		7.8696	6.7578	6.1231

7.4.1.2　成本系数的计算

根据各投标人的报价，代入式（6.5），计算的成本系数，如表7.9所示。同样的，使用 Excel 计算得到的结果如图7.45所示。

表7.9　　　　　　　　　　　　　成本系数计算

投标人	投标价 K_i	成本系数 $C_i = \dfrac{K_i}{K_s}$
T_1	150421782	0.940136
T_2	152349824	0.952186
T_3	150231698	0.938948
预算价 K_S	160000000	

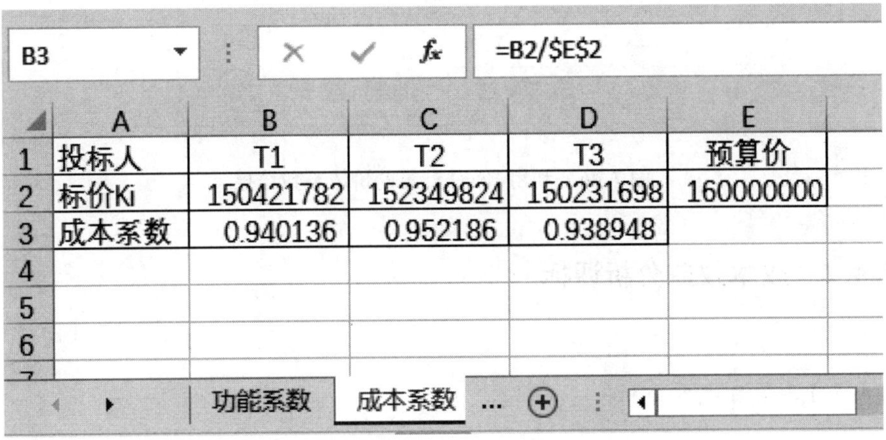

图 7.45　利用 Excel 计算的成本系数结果

7.4.1.3　价值系数的计算

由以上结果，代入式（6.3）求得各投标人的价值系数，如表7.10所示。同样地，使用 Excel 计算得到的结果如图7.46所示。

表 7.10 价值系数计算表

投标人	功能系数 F_i	成本系数 C_i	价值系数 V_i
T_1	7.8696	0.940136	8.3707
T_2	6.7578	0.952186	7.0972
T_3	6.1231	0.938948	6.5212

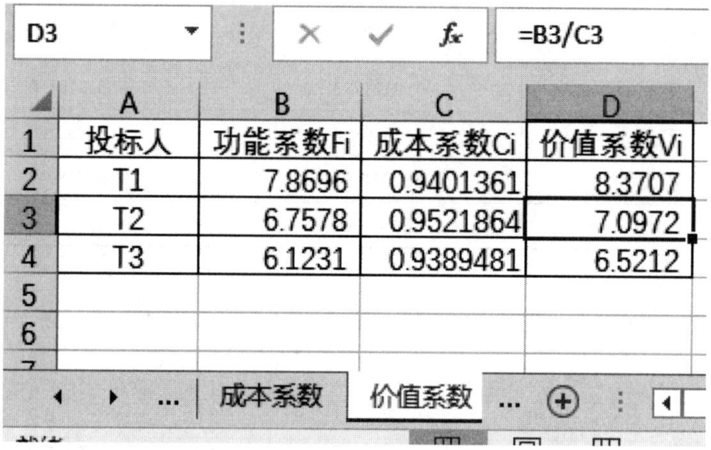

图 7.46 利用 Excel 计算的价值系数结果

7.4.2 成本效益分析评标

7.4.2.1 项目成本分析

（1）项目总投资 XC：T_1 为 150421782 元；T_2 为 152349824 元；T_3 为 150231698 元。

（2）运行成本：经估算 YC：6631083 元/年。

①物业管理费：4285783 元/年；

②各种维修维护费用：839300 元/年；

③水电暖费用：1506000 元/年。

因此，若以预测期为 10 年（n = 10），基准收益率为 10%（i = 10%），计算出成本现值为 PC = YC(P/A, 10%, 10) = 40745134.48 元。

由于办公楼最主要的功能是政府机关办公使用，不是用来盈利的。因此，项目总投资的权重定为 0.2，而运行成本的权重定为 0.8。

假设：运行成本的满意值是 YC_M = 42000000 元，运行成本的成本系数为 YC/YC_M。因此，项目成本系数可以 Excel 计算结果如表 7.11 所示。请大家注意这部分计算都用 SUMPRODUCT（）函数来进行加权计算。

表 7.11 总成本系数计算结果

成本指标	权重因子	T_1 成本系数	T_2 成本系数	T_3 成本系数
项目总投资	0.2	0.94013614	0.9521864	0.93894811
运行成本	0.8	0.97012225	0.97012225	0.97012225
总成本系数		0.9641	0.9665	0.9639

7.4.2.2 项目效益分析

根据效益分析可知本项目的效益如下：

（1）项目施工期间产生的效益：由投标人标书中承诺的功能排序性指标所产生的效益，这部分由专家根据无量纲化打分标准进行打分，并采用 Excel 进行计算，结果如表 7.12 所示。

表 7.12 项目施工过程效益无量纲值计算结果

指标名称	权重 W_i	T_1 的无量纲效用平均值	T_2 的无量纲效用平均值	T_3 的无量纲效用平均值
B_{11}	0.1220	0.954	0.546	0.625
B_{12}	0.0728	0.734	0.323	0.225
B_{13}	0.0434	0.543	0.486	0.236
B_{21}	0.0787	0.583	0.342	0.374
B_{22}	0.0597	0.812	0.656	0.456
B_{23}	0.0787	0.698	0.783	0.573
B_{31}	0.0537	0.723	0.031	0.136

续表

指标名称	权重 W_i	T_1 的无量纲效用平均值	T_2 的无量纲效用平均值	T_3 的无量纲效用平均值
B_{32}	0.0402	0.052	0.028	0.197
B_{33}	0.0332	0.562	0.035	0.786
B_{34}	0.0241	0.875	0.725	0.262
B_{35}	0.0180	0.563	0.546	0.728
B_{36}	0.0144	0.823	0.432	0.082
B_{37}	0.0107	0.446	0.363	0.078
B_{41}	0.0974	0.56	0.567	0.326
B_{42}	0.0681	0.798	0.685	0.226
B_{51}	0.0238	0.663	0.362	0.138
B_{52}	0.0359	0.778	0.476	0.788
B_{53}	0.0222	0.362	0.382	0.767
B_{54}	0.0193	0.434	0.863	0.864
B_{55}	0.0111	0.337	0.484	0.937
B_{61}	0.0331	0.074	0.572	0.556
B_{62}	0.0172	0.997	0.377	0.478
B_{63}	0.0223	0.893	0.465	0.441
施工过程效益无量纲值 U	0.6623	0.4742	0.4267

（2）财务效益：经估算 YB = 7119700 元/年

①政府行政运行成本节约额：水电暖为 2259000 元/年，办公耗材为 1093000 元/年，交通通信费为 1873500 元/年，公用配套实施为 890000 元/年。

②其他收益：1004200 元/年。

因此，若以预测期为 10 年（n = 10），基准收益率为 10%（i = 10%），计算出财务效益现值为

PB = YB(P/A，10%，10) = 43747474.42 元

假设：财务效益的满意值是 PB_M = 45000000 元，则财务效益的无量纲值为 U_2 = PB/PB_M = 0.9722

（3）职能效益。

在职能效益中，这些指标都是定性指标，可以请五位专家进行一一打分，

再取平均值。另外，利用层次分析法确定各个指标的权重。为了节省篇幅，这里直接用 Excel 计算出职能效益无量纲值结果，如表 7.13 所示。

表 7.13 职能效益无量纲值计算结果

职能效益评价指标	权重因子	无量纲效用
政府办公条件改善	0.43	0.9872
政务服务质量提升	0.34	0.9123
政府内部管理水平提高	0.23	0.9564
职能效益无量纲值 U_3		0.95465

（4）社会效益。

同样地，利用 Excel 计算出社会效益无量纲值结果，如表 7.14 所示。

表 7.14 社会效益无量纲值计算结果

社会效益评价指标	权重因子	无量纲效用
优化城市功能布局	0.23	0.8901
居民就业	0.56	0.9123
居民生活质量	0.21	0.8992
社会效益无量纲值 U_4		0.904443

（5）环境效益。

同样地，利用 Excel 计算出环境效益无量纲值结果，如表 7.15 所示。

表 7.15 环境效益无量纲值计算结果

环境效益评价指标	权重因子	无量纲效用
交通环境	0.45	0.7862
城市文化	0.18	0.9103
城市绿化	0.37	0.8765
环境效益无量纲值 U_5		0.841949

同样的，利用 Excel 计算出综合效益的无量纲值计算结果，如表 7.16 所示，请大家注意这部分计算都用 SUMPRODUCT（）函数来进行加权计算。

表 7.16　　　　　　　综合效益无量纲值计算结果

效益评价指标	权重因子	T_1 无量纲效用	T_2 无量纲效用	T_3 无量纲效用
施工过程效益	0.19	0.6623	0.4742	0.4267
财务效益	0.36	0.9722	0.9722	0.9722
职能效益	0.27	0.9547	0.9547	0.9547
社会效益	0.09	0.9044	0.9044	0.9044
环境效益	0.09	0.8419	0.8419	0.8419
综合效益无量纲值 U		0.8908	0.8550	0.8460

7.4.2.3　成本效益分析

根据式（6.6），仍然使用 Excel 计算结果，如表 7.17 所示。

表 7.17　　　　　　　成本效益值计算结果

指标	T_1	T_2	T_3
效益系数	0.8908	0.8550	0.8460
成本系数	0.9641	0.9665	0.9639
成本效益值	0.9239	0.8846	0.8777

7.5　评审结果分析

由以上计算结果得知，本项目推荐价值工程中标候选人第一名为 T_1、第二名为 T_2、第三名为 T_3、推荐成本效益分析中标候选人第一名为 T_1、第二名为 T_2、第三名为 T_3，而最终推荐中标第一候选人为 T_1、中标第二候选人为 T_3、中标第三候选人为 T_2。

通过分析我们可以看到，标价由少到多的排名为第一名为 T_3、第二名为 T_1、第三名为 T_2，可是 T_1 的功能系数 7.8696 远大于 T_3 的功能系数 6.1231。可见，T_1 的成本提高了一点，但 T_1 工程的功能却大幅度提高，并且 T_1 的价值系数 8.3707 远大于 T_3 的价值系数 6.5212，在功能与成本中找到了理想的平衡点。

在成本效益分析中，一般情况下效益成本值 >1，项目才是可行的。前面也提到过政府办公楼不是用来营利的，所以这里计算的效益成本值都不大于 1，也是可以接受的。在成本效益分析中 T_1 的成本比 T_2 高，可 T_1 的成本效益比 0.9239 比 T_2 的成本效益比 0.8846 提高了许多，所以，对于本案例这样的大型公共项目 T_1 为成本效益分析最优者。综上所述，本案例的中标第一候选人为 T_1。

比较 T_2 与 T_3 可知，T_2 比 T_3 投标报价增加了 200 多万元（见表 7.9），可是 T_2 的功能系数 6.7578 与 T_3 的功能系数 6.1231 差距并不是很大。可见，T_2 的成本提高了许多，但 T_2 工程的功能却提高了一点。并且 T_2 的价值系数 7.0972 与 T_3 的价值系数 6.5212 差距也不大，可见，为了提高功能的成本的提高是不值得的。同理，在成本效益分析中 T_2 的成本比 T_3 高，可 T_2 的成本效益比 0.8846 比 T_3 的成本效益比 0.8777 提高了一点。综上所述，本案例的中标第二候选人为 T_3。那么，本案例的中标第三候选人为 T_2。

从上述计算过程可以看出，基于价值工程和成本效益分析的联合评标方法，充分结合了技术、经济、管理和社会因素，既体现了价值工程方法对工程功能分析的优点，又体现了成本效益分析方法对政府工程采购综合效益的考虑。在计算量上考虑，基于价值工程和成本效益分析的联合评标模型，显然在确定功能指标的权重时，计算任务很大，但是这种方法与其他现行的方法相比，如目前普遍使用的模糊分析评标法、神经网络法，在原理上更加简单，计算过程更加容易，计算结果更加准确，具有更强的适用性和实用性。从实际操作上考虑，评标过程中的评标指标体系的权重可以通过计算机进行计算，可以大大减少评审人员的计算量，具有更强的可操作性和广泛的应用性。

第 8 章
政府工程采购评标体系总结与展望

8.1 政府工程采购评标体系总结

本书在分析政府工程采购评标的国内外相关研究文献的基础上，以解决评标中存在的问题为出发点，对评标进行了系统的研究，并构建了新的评标系统模型，从而使评标过程更客观、公正和高效。本书的主要研究内容和成果如下：

（1）基于SMART准则构建了政府工程采购评标指标体系。书中提出了评标指标应符合特定、可测量、可得到、相关、可跟踪的原则。同时，将评价指标总结为第一类筛选性评标指标、第二类功能排序性评标指标、第三类参考性评标指标、第四类效益评标指标和第五类成本评标指标，并且综合考虑技术、经济、社会等各方面的因素，使指标体系更准确、更科学。

（2）应用层次分析法（AHP）与专家评议相结合来确定评价指标权重数。建立了指标体系的层次结构，考虑了应用多层次指标的AHP推广问题和多专家决策的群组层次分析（GAHP）问题，使指标权重确定更加符合实际，科学合理。

（3）提出了一种新的评标模式，即基于价值工程和成本效益分析的联合评标模式。该模式综合了两种方法的优点，基本原理清晰，计算过程简单，具有较强的适用性。

（4）以建筑工程施工的评标为例，对本书提出的评标系统模型进行了全过程的实例分析，取得了较为满意的结果，证明了该评标系统模型是可行的，具有一定的推广价值。

（5）在评标的过程中，使用 MATLAB 软件编写程序，又结合 Excel 计算比较，进行了层次分析法、价值工程、成本效益分析的计算，简化了工作量，得出了准确的结果，从而增加了该评标系统模型的实际应用价值并提高了工作效率。

8.2　政府工程采购评标体系展望

本书就政府工程采购评标系统进行了全面的研究，取得了初步研究成果，就本书涉及的内容，需要进一步展开以下几方面的研究。

（1）本书在价值工程与成本效益分析的应用中，还存在进一步需要细化的问题，譬如，专家评议的无量纲效用的确定，还有待于进一步研究。

（2）相对于目前的计算器和手工处理方式，本书评标过程中涉及的理论较多，计算量较大，编制评标系统全过程的专用软件将会对理论到实践的转化起到重要的桥梁作用，也是进一步努力的目标。

（3）互联网的快速发展和应用，电子化、网络化评标系统必将得到快速发展和广泛应用，也使得招投标工作更加公平、公正、公开。

第 9 章
政府采购电子化系统

"信息高速公路"在 20 世纪 90 年代逐渐兴起，信息技术得到飞速发展，国际互联网在各个领域得到广泛应用，信息技术为商务活动向更深层次、更广范围发展提供了必要的客观条件，电子商务和电子政务逐步发展壮大起来。世界上各国政府积极开展的政府采购电子化系统建设正是致力于应用最新的信息技术，通过互联网完成政府采购活动，同时进行采购管理和采购决策的信息化、自动化和数字化建设。政府采购电子化系统是政府采购发展到高级阶段的产物，它不仅具有传统政府采购的特征、原则、方法和程序，同时它又带有信息化时代的特点。这种方式相对于传统的政府采购方式，具有更加广泛、高效、透明的优势。

9.1 政府采购电子化发展简述

9.1.1 政府采购电子化在国外的发展

自 1993 年开始，美国首先利用信息技术来改造其政府采购活动以来，这种新兴的信息化采购方式便成为各国政府采购的发展方向。进入 21 世纪以后，美国在联邦政府、州政府和地方政府三级政府中都广泛采用了以网络技术为核心的信息化管理手段，从而有效地减少了政府采购开支，提高了政府采购工作的透明度和效率，而且还促进了供应商之间的非接触性平等有序竞争，进一步提高了政府采购部门为用户服务的质量和满意度。尽管此时互联网泡沫的破灭对美国电子商务的发展产生了巨大负面影响，但是由于政府采购具有特殊的性质和目标，因此政府采购电子化模式既是电子商务在政府采购中广泛应用的结果，也代表着美国政府采购的发展方向。

在德国，德国政府要求从 2006 年 1 月起，联邦一级政府的所有通用货物和服务必须通过政府统一开发的电子平台采购。2006 年 1 月起，电子签名在欧盟全体成员国之间已经全面合法化，欧盟进入全面推进使用电子签名阶段；电子签名的应用，从根本上解决了政府采购电子化及电子商务等活动中的一个关键问题，即身份确认问题。德国的政府采购电子化平台网址为 https：//www. evergabe-online. de；招标信息网站网址为 https：//www. bund. de/auss-chreibungen. de。

联合国各采购机构建立了潜在供应商数据库，便于各采购用户方便选择合格的供应商。联合国的 14 个主要采购机构联合建立了一个全球采购市场网站（https：//www. ungm. org. cn/web/index，United Nations Global Market-place，UNGM）。这个网站可供所有联合国采购机构使用，并主要用来发布采购指南和最新的招标信息，也提供供应商网上注册，以及各种表格的下载等。联合国下属各机构能够通过这个网站进行必要的集中采购活动，用于完成各自承担的维和、人道主义救援和发展援助项目等任务以及自身办公需要。

欧洲是推进政府电子化采购较早的地区，在 1999 年，欧盟开始调整公共采购法律体系，其目的为实现采购的公正、公平和透明，同时将采购需求信息对国际供应商公开。2004 年 4 月，欧盟委员会又通过了与电子公共采购（e-procurement）有关的一系列采购指令，将原有的四类公共采购法合并为公共部门采购指令（2004/18）和公共事业部门采购指令（2004/17）两个法规，从而逐步完善了电子化公共采购法律框架。同年，欧盟委员会再颁布了实施电子化公共采购法律框架的具体行动计划。为了在 2010 年全面实现电子化政府，2005 年 4 月，欧盟委员会发布了《"i2010"电子政务行动计划：加速欧洲电子政务，使所有人受益》，该计划主要着眼于全民参与、效率提高、电子采购、安全接入和电子民主等五大方面。

欧盟不断完善公共采购平台，建立了电子采购的门户和信息支持系统平台——Europa（http：//europa. eu. int），它也是欧盟最重要的门户网站之一，网站内容涉及欧盟公共采购政策、法律、指南、研究、计划和项目等。欧盟委员会要求其所有成员国必须在 2010 年前，对所有的政府采购项目实行全流程电子化采购操作，并对 50% 以上的项目实行电子化采购监管。

ePractice. eu（http：//www. ePractice. eu）是另一个全新的网站，它是用来帮助注册会员进行消息发布和相互沟通的平台。

在亚洲，韩国的政府采购电子化过程是由韩国政府采购厅组织实施的。1997 年在政府采购部门、采购厅、供应商之间建成了电子数据交换系统，1998 年建成了商品网上交易市场，2000 年建成了电子招投标系统，2001 年在采购厅的电子采购的基础上，建成了全新的电子化政府采购系统，并开放了电子支付系统。电子化政府采购系统建成后，韩国所有的政府采购市场参与者，只要能接入互联网，就能够在任何地方按时进行交易。2004 年，采购厅建成了客户管理系统。至此，韩国基本完成了电子化政府采购系统的初期建设。2012 年 10 月，经过 13 个月的努力，韩国一站式的公共采购平台——韩国在线电子采购系统（KONEPS）（Korea on-line e-procurement system）建成，此项目总建设费用约 261 亿韩元。KONEPS 可在线处理包括各类用户注册、发布各种公告、投标、开标、评标、定标、签订合同、支付货款等所有采购业务的全过程。也就是说，这一系统可以提供从招标到中标的全过程实时信息，从而真正实现了公共采购的信息公开透明。同时，KONEPS 也是韩国公共采购的唯一窗口，在韩国，所有公共机构只能通过 KONEPS 公布招标公告信息，各供应商仅须注册一次 KONEPS 账号，便可参与韩国国内任何一家政府采购机构发起的招标项目。韩国在线电子采购系统的基本框架如图 9.1 所示。

在新加坡，从 1997 年开始新加坡政府就启动了一项名为政府电子商务网站的实施计划，它为商业交易活动提供了一个"一站式"、全天候的电子化网络环境。该网站由新加坡政府财政部统一规划、开发和建设，是全国唯一的政府采购交易平台。在 2000 年 12 月，新加坡政府采购交易平台网站（https：//www. gebiz. gov. sg）正式开通上线。该网站是可以帮助国内外供应商查询政府采购项目、下载和提交投标文件、获取招标结果的一站式电子交易平台，这样供应商不论在何时何地都可以进行交易活动。该交易平台又把新

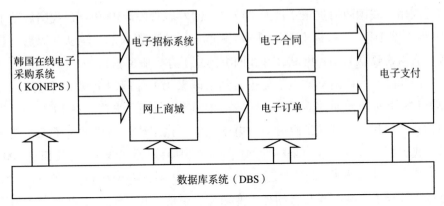

图 9.1　韩国在线电子采购系统的基本框架

加坡政府各部门和机构的财务系统和采购系统整合到一起进行协同工作。政府采购的供应商不仅可以在网上得到政府采购的招标邀请和购买招标文件，还可以在网上参与投标、提交产品目录、签订合同和检查付款。此外，参加网上政府采购的供应商必须事先在网上注册为"贸易伙伴"，这样政府采购部门不但能够充分获取各供应商的信息，而且各供应商也可以了解到竞争对手的详细情况。

总之，政府采购电子化、信息化在世界各地都得到了迅速发展，并得到广泛应用，这是政府采购发展的内在需求，也使得政府采购过程更加公开透明，供应商选择更加公平、公正。

9.1.2　政府采购电子化在我国的发展

借鉴世界发达国家地区和组织在发展政府电子化采购方面的丰富经验。在我国，政府采购电子化工作首先是从规划和发展电子招投标系统开始的，有计划、有步骤地有序推进电子招标投标在全国范围内的应用，从而实现了电子招标投标信息的互联互通。

1993 年 12 月，我国政府正式启动了"三金"工程即金卡工程、金桥工程、金关工程，重点进行信息化的基础设施建设，为重点行业和部门传输数据和信息奠定了坚实的基础。之后，伴随着互联网在经济与社会各个领域的

广泛应用，我国政府也正式进入了政府上网发展阶段。1999 年，我国启动了
"政府上网工程"，这标志着我国政府采购电子化的正式起步。从此以后，各
级政府纷纷建立起门户网站，并在网上建立了办事服务窗口。

与此同时，政府采购电子化也得到了国家相关部门的重视，国务院相关
部委和一些地方政府建立了采购网站，并开始进行网络采购。在 1996 年，我
国就有部门和单位开展了政府采购电子化的尝试工作，原机械电子工业部开
通了我国第一家网上政府采购的网站——"中国招标在线"。财政部在 2000
年 12 月 31 日创办了"中国政府采购网"（https：//www. ccgp. gov. cn），随
后逐步健全了全国互联互通的评审专家库、供应商库、商品信息库和代理机
构库，实现政府采购数据的交换共享。近年来，各级政府加大政府采购电子
化工作的投入力度。2003 年 1 月 10 日，中央国家机关的政府采购平台，即
中央政府采购网（https：//www. zycg. gov. cn，如图 9.2 所示）正式上线，它
是中央国家机关政府集中采购的执行机构。通过实施政府采购电子化系统，
提高了政府采购的透明度和满意度，实现了政府采购商品"市场可买、价格
可比、便捷高效、公开透明"的目标。

图 9.2　中央政府采购网

随着电子商务平台的蓬勃发展，各地方政府还陆续与电子商务平台开展政府采购合作。例如，2014 年 3 月，浙江省财政厅、浙江省政府采购中心与阿里巴巴集团联合宣布，浙江省政府采购与阿里巴巴集团旗下采购批发平台 1688 进行全面战略合作，浙江政府采购专区正式在阿里巴巴 1688 网站政府"阳光采购"平台正式上线亮相（http：//zfcg. 1688. com）。2014 年 4 月，上海市政府采购电子集市成功对接史泰博（http：//www. stbchina. cn）、晨光（http：//www. colipu. com）和 1 号店（http：//www. yhd. com）3 家电子商务平台。2014 年 8 月，四川省政府宣布自 9 月 1 日起全面取消政府采购协议供货，取而代之的是实行"网上竞价和商城直购"。2014 年 9 月，深圳市政府宣布，自 9 月 15 日起深圳市本级各单位采购小额零星商品可通过京东（http：//www. jd. com）、史泰博两家电子商务平台选购，享受政府采购折扣价。

2013 年 1 月 31 日，财政部印发的《全国政府采购管理交易系统建设总体规划》和《政府采购业务基础数据规范》的通知指出[1]，全国政府采购管理交易系统建设要以科学发展观为指导，围绕经济发展和财政改革的大局，坚持"统一领导、统一规划、统一标准、统一平台"的指导思想，本着"高起点设计、高技术标准、高灵活扩展、高程度兼容、高安全运行"的建设思路，统筹规划、突出重点、点面结合、协调推进，以信息化技术为支撑，全面提高政府采购科学化精细化管理水平，实现政府采购监督管理与执行交易各环节的协调联动，推动政府采购制度改革健康有序、深入持续发展。全国政府采购管理交易系统建设要以"功能完善、资源共享、规范透明、安全高效"为总体目标，建成中央与地方系统相对独立运行、全国基础数据统一集中共享的大型网络化信息管理系统，具体包括信息服务功能、监督管理功能、电子交易功能、决策支持功能、协作共享功能等五大功能，其具体框架如图 9.3 所示，并要求在统一的全国政府采购标准化体系下，中央本级与省级政府采购系统实现基础数据共享。财政部于 2011 年启动了政府采购管理交易系

---

① 财政部关于印发《全国政府采购管理交易系统建设总体规划》和《政府采购业务基础数据规范》的通知［EB/OL］. 财政部网站，http：//gks. mof. gov. cn/ztztz/zhengfucaigouguanli/201302/t20130225_734700. htm，2013 - 01 - 31.

统（http：//pub. ccgp. gov. cn/loginx）建设，2015 年年底完成了系统上线和验收工作。2015 年开始，中国政府采购网各省级分站纷纷建立，中国政府采购网在 2015 年 8 月完成了数据接口的升级改造工作，中国政府采购网总站要求各地方分网用户应当按照中国政府采购网数据接口规范要求，尽快开展地方分网与中央主网的接口升级、改造工作，建立与中央主网的数据接口对接，做好政府采购信息公开和共享。至此，各地方政府分站和中国政府采购网总站形成了统一标准的政府采购专业布局。地方分网包含：北京、上海、天津、重庆、河北、河南、湖北、湖南、山西、山东、黑龙江、吉林、辽宁、广东、海南、内蒙古、陕西、甘肃、青海、宁夏、江西、新疆、西藏、四川、江苏、浙江、广西、云南、福建、贵州、安徽、深圳、大连、厦门、青岛、宁波、新疆生产建设兵团等（其中新疆生产建设兵团分网，http：//www. ccgp-bing-tuan. gov. cn，如图 9.4 所示）。从而，政府采购电子化趋势越发明朗，政府采

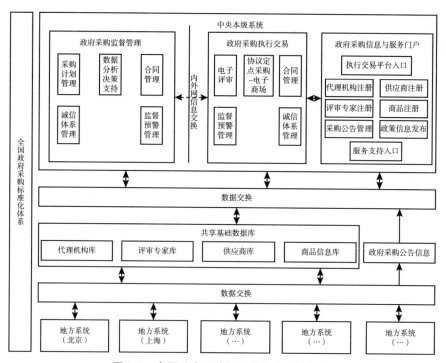

图 9.3 全国政府采购标准化体系系统框架

图 9.4　新疆生产建设兵团政府采购网主页

购电子化业务不仅仅是提供货物和服务，更侧重于提供采购方案，从而实现对政府采购整个业务流程的再造。

9.2　政府采购电子化的概念

9.2.1　政府采购电子化的含义

政府采购电子化是随着信息技术和政府采购的不断发展而相应产生的，由于出现的时间还不长，到目前为止，国际国内的机构和专家学者对政府采购电子化并没有形成统一的定义。下面介绍目前国际国内常见的几种政府采购电子化的定义。[1]

世界银行（World Bank，WB）对政府采购电子化的定义给出了三层含义：第一层含义为政府采购电子化是指政府和公共部门在公共货物、服务和

---

[1]　吕汉阳. 政府采购电子化 = 制度变革 + 流程再造［N］. 政府采购信息报，2011 - 03 - 25.

工程的采购过程中，运用信息技术（特别是电子网络技术）与供应商或承包商接洽的行为。第二层含义为政府采购电子化的定义要与其他两种不同的采购过程（电子招投标、电子购买）有所区分。电子招标是指将电子的方式应用于公开招标的整个过程，以进行购买高价少量的货物、工程和服务的采购。电子购买是指运用电子的方式购买低价、大量的标准货物，使其更加方便易行。随着电子购买的进行，这一系统的核心部分会日趋复杂并使系统内部可能有本质性的改变。第三层含义为政府采购电子化的定义涵盖了电子招标和电子购买的基本步骤。然而，电子招标考虑了更多阶段的实现过程，电子购买则是基于若干业务模块。

亚洲开发银行（Asian Development Bank，ADB）认为：政府采购电子化是指通过运用信息技术，改变公共部门的内、外部关系，以提升政府部门更大的责任感，促进效率的提高和成本的降低，创造更多的参与机会。

多边发展银行（Multilateral Development Banks，MDBs）认为政府采购电子化（electronic government procurement，E-GP）的定义应该包括以下三个层次：第一个层次是对政府采购电子化的一般定义：政府部门在进行采购的过程中，通过现代信息技术，特别是互联网技术，从供应商手中购买所需的工程、货物和服务；政府采购电子化打破了时空障碍，使采购具有一个更公开透明、更有效率的信息流和更宽广的途径获得信息和服务。第二个层次是将政府采购电子化区分为电子招标系统和电子购买系统这两种完全不同的采购过程。电子招标系统主要是通过电子公开招标过程，为公共部门采购数量小但价值高、有特殊要求的货物、工程、服务。电子购买系统则是为了方便公共部门采购量大但价值较低的标准货物和服务，这一系统较之电子招标系统更为复杂，需要做大量的系统开发工作。第三个层次是通过电子招标或电子购买过程的每一个环节的分析，对政府采购电子化进行定义。电子招标准许更多的阶段性实施办法，而电子购买则建立在标准交易模块上，因为电子购买通常采购量大，所以这些交易模块往往是没有弹性的。

中国政府曾在亚洲开发银行会议上就政府采购电子化给出的定义如下：政府采购电子化是指将信息技术和基础设施在线应用于政府采购的管理、实施、评估以及报告各个阶段。

中国第一本关于政府采购电子化的学术专著《电子化政府采购理论探索

与实践》认为："政府采购电子化，是指政府利用信息技术，确立公共部门采购货物、工程和服务的一种采购形式，核心内容是打破了时间和空间障碍，增强了采购信息透明度，为政府采购活动提供便利。政府采购电子化是电子政务的重要组成部分，又兼有电子商务的交易特点。"①

9.2.2 政府采购电子化的特征

从政府采购电子化的众多定义中可以看出，这种采购形式总体上来讲既减少了人为参与操作，更好地体现了公正、公平的原则，又与传统采购的操作流程有所不同，在形式上、技术上和组织管理上改变了传统采购业务的处理方式，打破了时间和空间造成的物理障碍，重新确立了采购机构与供应商之间关系的处理方式，为供应商获取政府采购信息和参与政府采购活动提供了便利，使得信息能够更流畅、更透明、更有效地流动，从而解决了传统采购因重复性和烦琐性所造成的资源浪费问题。它不但优化了政府采购过程，提高了政府采购效率，降低了政府采购成本，而且还具有降低政府采购风险、缩短政府采购周期、增强平等有序竞争、减少各种欺诈行为、规范政府采购行为和抵制腐败现象等优点。政府采购电子化的特征主要有以下内容：

9.2.2.1 政府采购电子化增强了采购的透明度

政府采购所有的工作环节都在电子化系统上进行，而且整个过程都保存在系统之中，从而减少了人为操作，实现了整个采购过程的公开透明，有效地杜绝了采购中"寻租"行为的发生，有效地抵制了一些腐败现象。同时，政府采购电子化还减少了纸质文件容易出现的人为因素等问题，实现了信息技术和政府管理的有机结合，使政府采购活动变得更加安全。另外，社会公众可以通过网络更加容易地获取有关政府采购的信息，起到更加广泛的监督作用。审计部门可以在线实时跟踪监督，与传统采购方式相比，使得调查取证更加方便。由此可见政府采购电子化所带来的廉洁与高效，能够使得社会公众对政府部门的信任度得到大大提高。

---

① 杨玲，等. 电子化政府采购理论探索与实践［M］. 北京：中国财政经济出版社，2007.

9.2.2.2 政府采购电子化降低了采购成本

政府采购电子化系统从采购需求计划的确定到发布招标文件，全部采用现代信息技术，这使得供应商能第一时间从网上获取招标信息，并能立即将投标书从网上提交到政府采购电子化平台系统。政府采购电子化平台系统停止接受报价后，将按照规定程序组建评标委员会，经过评标委员会评标定标后，确定中标供应商并随即在网上公布中标公告。中标供应商与政府采购人的合同也通过政府采购电子化平台系统订立。政府采购电子化系统几乎可以省掉纸质文件印刷和邮递等方面的全部支出，还能减少重复和烦琐的工作量，最终可以大幅度地削减政府采购成本。总之，政府采购电子化可以通过网络完成一系列采购程序，政府采购部门可以做到足不出户就可以完成政府采购工作，供应商也减少了人员出差时间和费用等销售成本，从整体上大大降低了交易成本和管理成本。

9.2.2.3 政府采购电子化有效缩短采购周期、打破时空限制

实行政府采购电子化，消除了时间和空间限制，所有供应商都有平等机会参与全国甚至全球市场竞争，标准采购文件还弥补了中小企业的专业缺陷。许多国家还在政府采购电子化系统中专门为中小企业和弱势群体参加政府采购开发了支持系统。政府采购相关组织使用现代互联网络，采取网上申报、审批、发布招标公告、下载招标文件、上传投标文件、评标、签订合同等方式，将以前将近一个月的工作量减少到几天甚至几小时内就能完成，大大缩短政府采购的周期，提高了政府采购的工作效率。

9.3 政府采购电子招投标系统分析

按照政府采购电子化系统的概念，一般把政府采购电子化系统分为电子招投标系统和电子购买系统。这里重点探讨政府采购电子化招投标系统。

目前政府采购电子化招投标系统的工作主要包括招标工作、发布信息、供应商投标、评标专家评标定标、发布中标结果、签订合同等所有环节的活

动。政府采购电子化招投标系统依法组织实施政府采购必需的招投标流程，在招标过程中需要对内实现从接受采购任务、分配采购任务到管理财务和项目归档等一系列内部业务管理；对外要实现招标信息发布、接受供应商投标、组织评标委员会、评标专家评标、定标并签订合同等功能。因此，整个采购系统又分为依托政务内网的管理系统和基于互联网的采购系统两大部分。

9.3.1　政府采购招投标流程分析

完整详细的招投标活动一般分成两个阶段，即招投标准备阶段和招投标实施阶段，其基本程序如下：

9.3.1.1　招投标准备阶段

在招投标准备阶段，要对招标投标活动的整个过程作出具体安排，主要包括制定招标工作总体实施方案、对招标项目进行论证分析、确定招标采购方案、编制招标文件、制定评标办法、组建评标机构、邀请相关人员等。主要程序如下：

1. 制定总体实施方案。

在此阶段，主要对招标工作作出总体安排，包括确定招标项目的实施机构和招标项目负责人及其他相关责任人、具体的各阶段工作时间安排、招标费用预算、招标采购风险预测以及相应措施等。

2. 项目综合分析。

在此阶段，主要对要招标采购的项目，根据政府采购计划、采购人提出的采购需求（或采购方案），从资金、技术、生产过程、使用、维护等几个方面对项目进行全方位综合分析，为确定最终的采购方案及其清单提供可操作性的依据。必要时应该邀请相关方面的咨询专家或技术人员参加该采购项目的论证、分析；同时也可以组织相关人员对项目实施进行现场调查，或者对产品或服务的生产、销售市场进行实地调查，以提高综合分析的准确性和完整性。

3. 确定招标采购方案。

通过前面进行的项目综合分析，采购人会同有关专家确定招标采购方案。

即根据项目的具体要求确定出最佳的采购方案，主要包括采购项目所涉及产品和服务的技术规格、标准和主要商务条款，以及项目的采购清单等，对有些较大的采购项目在确定采购方案和采购清单时有必要对项目进行分包处理。

4. 编制招标文件。

政府采购招标代理机构根据招标项目的要求和招标采购方案编制招标文件。招标文件一般应包括招标公告（投标邀请函）、招标项目要求、投标人须知、合同格式、投标文件格式等五个部分。

（1）招标公告（投标邀请函）。主要内容是招标代理机构（若有）名称、地址和联系人及联系方式；招标项目的性质、数量；招标项目的地点和时间要求；对申请投标人的资格要求；获取招标文件的办法、地点和时间；招标文件售价；提交投标文件截止时间、开标时间和地点以及需要公告的其他事项。

（2）招标项目要求。主要是对招标项目进行详细介绍，包括项目的具体方案及要求、相关技术标准和规格、合格投标人应具备的资格条件、竣工交货或提供服务的时间、合同的主要条款以及与项目相关的其他事项。

（3）投标人须知。主要是说明招标文件的组成部分、投标文件的编制方法和要求、投标文件的密封和标记要求、投标价格的要求及其计算方式、评标标准和方法、投标人应当提供的有关资格和资信证明文件、投标保证金的数额和提交方式、提供投标文件的方式和地点以及截止日期、开标和评标及定标的日程安排以及其他需要说明的事项。

（4）合同格式。主要包括合同的基本条款、工程进度、工期要求、合同价款包含的内容及付款方式、合同双方的权利和义务、验收标准和方式、违约责任、纠纷处理方法、生效方法和有效期限及其他商务要求等。

（5）投标文件格式。主要是对投标人应提交的投标文件作出格式规定，包括投标函、开标一览表、投标价格表、主要设备及服务说明、资格证明文件及相关内容等。

5. 制定评标办法。

评标活动应该遵循公平、公正、科学、择优的原则，需要制定科学合理的评标办法来具体执行。这个过程需要确定评标委员会组织方法及职责、评审程序和内容、评标方法打分规则、推荐中标候选人的细则。后续评标工作都是根据评标的办法来执行。

6. 组建评标委员会。

（1）评标委员会应由采购人或委托招标代理机构负责组建。

（2）评标委员会由采购人的代表及技术、经济、法律等有关方面的人员和专家组成，总人数一般为 5 人以上单数，其中专家不得少于 2/3。与投标人有利害关系的人员和专家不得进入评标委员会。

（3）《中华人民共和国政府采购法》以及财政部制定的相关配套办法对专家资格认定、管理、使用有明文规定，因此，政府采购项目需要招标时，评标委员会的专家的抽取方法须遵照上述相关规定。

（4）在招标结果确定之前，评标委员会的成员名单必须严格保密。

7. 邀请其他相关人员。

主要是邀请有关方面的领导和来宾参加开标仪式，以及邀请监督机关（或公证机关）派代表进行现场监督。

9.3.1.2 招投标实施阶段

在招标实施阶段，应按照招标、投标、开标、评标、定标几个步骤组织实施，基本程序是：

1. 招标。

（1）发布招标公告（或投标邀请函）。公开招标应当发布招标公告（邀请招标发布投标邀请函）。招标公告必须在财政部门指定的媒体上发布。

（2）资格审查。招标代理机构可以对申请投标的供应商进行资格审查。资格审查的办法和程序可以在招标公告（或投标邀请函）中说明，或者通过指定媒体发布资格预审公告，由申请投标人向招标代理机构提交资格证明文件，招标代理机构根据资格预审文件规定对申请投标人严格进行资格审查。

（3）发售招标文件。在招标公告（或投标邀请函）规定的时间、地点向有意愿投标且经过资格审查的供应商发售招标文件。

（4）招标文件的澄清、修改。对已售出的招标文件需要进行澄清或者非实质性修改的，招标代理机构一般应当在提交投标文件截止日期 15 天前以书面形式通知所有招标文件的购买者，该澄清或修改内容为招标文件的组成部分。

2. 投标。

（1）编制投标文件。投标人应当按照招标文件的要求编制投标文件，投标文件应包含的内容有：投标函；投标人资格、资信证明文件；投标项目方案及说明；投标价格；投标保证金或者其他形式的担保；招标文件要求具备的其他内容。

（2）投标文件的密封和标记。投标人对编制完成的投标文件必须按照招标文件的要求进行密封、标记。这个过程同样非常重要，往往因为密封或标记不规范而被拒绝接受投标的例子不在少数。

（3）送达投标文件。投标文件应在规定的截止时间前密封并送达投标地点。招标代理机构对在提交投标文件截止日期后收到的投标文件，应当不予开启并退还给投标人。招标代理机构应当对收到的投标文件签收备案。投标人有权要求招标代理机构提供签收证明。

（4）投标人可以撤回、补充或者修改已提交的投标文件，但是这个过程应当在提交投标文件截止时间之前书面通知招标代理机构，撤回、补充或者修改招标文件也必须以书面形式进行。

这里特别要注意的是，招标公告发布或投标邀请函发出时间到提交投标文件截止时间，一般不得少于 20 天，即等标期最少为 20 天；提供招标文件期限不得少于 5 个工作日。

3. 开标。

（1）举行开标仪式。招标代理机构应当按照招标公告（或投标邀请函）规定的时间、地点和程序以公开方式举行开标仪式。

（2）开标仪式的基本程序是：

①主持人宣布开标仪式开始（需简要介绍招标项目的基本情况）。

②主持人介绍参加开标仪式的领导和来宾（包括单位、职务、身份等）。

③主持人介绍项目招投标过程的基本情况（这里需要对所招标项目作进一步介绍：如招标公告发布的时间、媒体及版面；到截止时间有多少家供应商作出了投标响应，并提交了资格证明文件；有多少家供应商购买了招标文件；到投标截止时间前有多少家供应商递交了投标文件，等等），在介绍投标人及其代表时，应按照递交投标文件的先后顺序介绍，先介绍投标人单位名称，接着介绍其代表人姓名、职务及身份。

④主持人宣布监督机构代表名单（包括监督机构代表所在单位、职务及身份）。

⑤主持人宣布开标工作人员名单（包括工作人员所在单位及在开标时担负的职责：主要是开标人、唱标人、监标人、记标人）。

⑥主持人宣读有关注意事项（包括开标仪式会场纪律、工作人员注意事项、投标人注意事项等）。

⑦主持人宣布检查评标标准及评标办法的密封情况。由监督机构代表、投标人代表检查招标人提交的评标标准及评标办法的密封情况，并公开宣布检查结果。

⑧主持人宣布评标标准及评标办法。由工作人员开启评标标准及评标办法并公开宣读。

⑨主持人宣布检查投标文件的密封和标记情况。由监督机构代表、投标人代表检查投标人递交的投标文件的密封和标记情况，并公开宣布检查结果。

⑩开启投标文件。由工作人员开启投标人递交的投标文件（须在确认密封完好无损且标记规范的情况下）。一般情况下，此过程应按递交投标文件的逆顺序进行。

⑪唱标。由唱标人员按照开标顺序唱标，唱标内容须符合招标文件的规定。唱标人需要通过培训，并具有相应能力和经验，唱标人对所有投标人要公平、公正，用同样的语速、同样的语调进行唱标。唱标结束后，主持人须询问投标人对唱标过程有无异议，投标人可以对唱标作必要的解释，但所作的解释不得超过投标文件记载的范围，也不得改变投标文件的实质性内容。

⑫监督机构代表讲话。由监督机构代表或公证机关代表公开报告监督情况或公证情况。

⑬领导和来宾讲话。按照开标仪式的程序安排，参加开标仪式的领导和来宾可就开标以及本次采购过程中的有关情况发表意见、看法并提出建议。发表讲话的领导和来宾，可以是采购人代表，也可以是代理机构代表，还可以是应邀参加开标仪式的其他有关人员。

⑭开标仪式结束。主持人应告知投标人评标的具体时间安排和询标的时间、地点，并对整个招标活动向有关各方提出具体要求。开标过程应当作好记录，存档备查。

4. 评标。

（1）开标仪式结束后，由招标代理机构组建并召集评标委员会，向评标委员会移交投标人递交的投标文件。

（2）评标应当按照招标文件的有关规定进行。评标由评标委员会独立进行，评标过程中任何一方、任何人不得干预评标委员会的工作。

（3）评标程序。

①详细审查投标文件是否符合要求。

②对投标文件的技术方案和商务方案进行审查，如果技术方案或商务方案明显不符合招标文件的相关规定，则可以判定其为无效投标。

③询标。评标委员会可以要求投标人对投标文件中含义不明确的内容进行必要的澄清，但澄清不得超过投标文件记载的范围或改变投标文件的实质性内容。

④综合评审。评标委员会按照招标文件的规定和评标标准、办法对投标文件进行综合评审和比较。综合评审和比较时的主要依据是：招标文件的规定和评标标准、办法，以及投标文件和询标时所了解的情况。综合评审和比较过程不得也不应考虑其他外部因素和证据。

⑤评标结论。评标委员会根据综合评审和比较情况，得出评标结论，评标结论中应具体说明收到的投标文件数、符合要求的投标文件数、无效的投标文件数及其无效的原因，评标过程的有关情况，最终的评审结论等，并向招标代理机构推荐排名前三的中标候选人（应注明排列顺序并说明按这种顺序排列的原因以及最终投标方案的优劣比较等）。

5. 定标。

（1）审查评标委员会的评标结论。招标代理机构对评标委员会提交的评标结论进行审查，审查内容应包括评标过程中的所有资料，即评标委员会的评标记录、询标记录、综合评审和比较记录、评标委员会成员的个人意见和建议等。

（2）确定中标人。招标代理机构应当按照招标文件规定的定标原则，在规定时间内从评标委员会推荐的中标候选人中确定中标人，中标人必须满足招标文件的各项要求，且其投标方案为最优，是综合评审和比较时得分最高的。

（3）中标通知。经过采购人审查确认中标结果，招标代理机构应当将确定后的中标结果书面通知所有投标人。

（4）签订合同。中标人应当按照中标通知书的规定，并依据招标文件的规定与采购人签订合同（如采购人委托招标代理机构签订合同的，则直接与招标代理机构签订合同）。需要注意的是，中标通知书、招标文件及其修改和澄清部分、中标人的投标文件及其补充部分是签订合同的重要依据。

9.3.2　政府采购电子化招投标系统流程分析

政府采购电子化招投标系统的具体招投标流程既可以参考图 2.2 中《中华人民共和国政府采购法》规定的公开招标的程序，也可以参考前一节详细的政府采购招投标流程，并结合信息化、自动化的特点，可绘制如图 9.5 所示流程。

9.3.3　政府采购电子化招投标系统用户分析

参与政府采购电子化招投标的业务角色主要有：采购人、政府采购代理机构、政府采购评标专家、监管机构和供应商。另外，为满足系统管理要求，方便各类用户的管理和实现系统的一些配置，需要配备系统管理员，各用户在参与业务活动的过程中，其活动包括用户的交互操作，也包括用户的独立操作。

9.3.3.1　采购人

采购人（又称采购机关、采购实体或采购单位），是指依法进行政府采购的国家机关、事业单位和团体组织。采购人可使用政府采购电子化系统进行如下工作：①采购人入驻；②编制政府采购计划；③接受并回答供应商询问和质疑，并能协助处理投诉；④政府采购计划统计分析、查询、存档等；⑤评价代理机构、供应商、评标专家；⑥与供应商签订中标合同。

9.3.3.2　政府采购代理机构

政府采购代理机构，是指取得各级政府财政部门认定资格的，依法接受

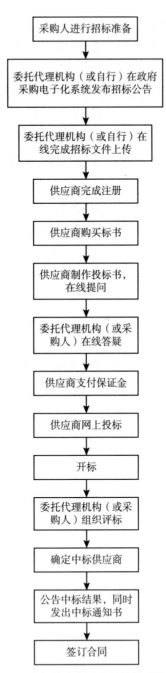

图 9.5　政府采购电子化招投标系统流程

采购人委托，从事政府采购货物、工程和服务采购代理业务的中介机构，包括社会代理机构和集采中心。政府采购代理机构应按照政府采购有关规定组织政府采购项目的操作和实施。其主要任务：①社会代理机构的入驻；②接受采购人发出的项目委托意向，起草并与采购人签订委托协议；③发布招标文件，并发售招标文件；④接受供应商投标报名或邀请供应商；⑤组织开标、唱标；⑥组建评标委员会；⑦发布中标（成交）公告，并向中标（成交）供应商发出中标（成交）通知书。

9.3.3.3 政府采购评标专家

政府采购评标专家是指符合相关规定条件和要求，以独立身份从事和参加政府采购有关评审工作的人员。评标专家在参加采购活动中应保守商业秘密，对评标过程和结果保密，配合采购人答复投标供应商提出的质疑，配合监管机构做好投诉处理工作。评标专家可使用政府采购电子化系统进行如下工作：①政府采购评标专家入驻；②评标专家个人管理与维护；③招标、竞争性谈判、询价、单一来源等采购评审活动；④撰写评标报告；⑤提供评价意见及建议。

9.3.3.4 政府采购监管机构

政府采购监管机构，是指各级人民政府财政部门，负责对本级政府采购活动进行监督管理。政府采购监管机构可使用政府采购电子化系统进行如下工作：①社会代理机构、供应商、评标专家注册信息审核；②政府采购活动过程监督管理；③政府采购活动当事人业务能力考核及诚信管理。

9.3.3.5 供应商

政府采购供应商是指参加政府采购活动的合法供应主体，具体是指向采购人提供货物、工程和服务的法人、其他组织或者自然人。供应商可使用政府采购电子化系统进行如下工作：①供应商入驻；②查看、购买、下载招标文件；③制作、加密及投递标书；④观看开标、唱标过程；⑤查看中标通知书；⑥与采购人签订中标合同。

9.3.3.6 系统管理人员

系统管理人员是政府采购电子化系统中最高权限的用户，一般由系统建设单位指定专门人员担当。其主要职责包括：各类用户授权、网络安全、信息安全、日志系统等后台管理维护工作。

9.3.4 政府采购电子化招投标系统功能分析

根据前面的分析，政府采购电子化招投标系统从整体功能上可分为招标管理模块、投标管理模块、评标管理模块和系统管理模块等四个模块，其结构如图9.6所示。

9.3.4.1 招标管理模块

招标管理模块是政府采购电子化招投标系统的一个基本功能。根据采购人的需求，一般将招标管理模块划分为招标项目管理、通知公告管理、资格预审管理、标书发售管理、开标管理、招标疑问管理、评标专家管理以及合同管理。

1. 招标项目管理。

招标项目管理主要功能是为采购人登录系统后，提供新建、编辑、删除以及浏览招标项目信息等招标项目维护操作功能。最主要是要创建招标项目基本信息、上传经加密的招标文件。

2. 通知公告管理。

公开招标是以招标公告的形式在财政部门指定的媒体发布的。招标公告的内容、格式前面已经讨论过。

3. 资格预审管理。

采购人或代理机构可以对投标的供应商进行资格审查。资格审查的办法和程序一般在招标公告（或投标邀请函）中载明，由意向供应商提交资格证明文件，采购人或代理机构根据资格预审文件规定进行资格审查。

4. 标书发售管理。

在招标公告（或投标邀请函）规定的时间、地点向经过预审符合资格要

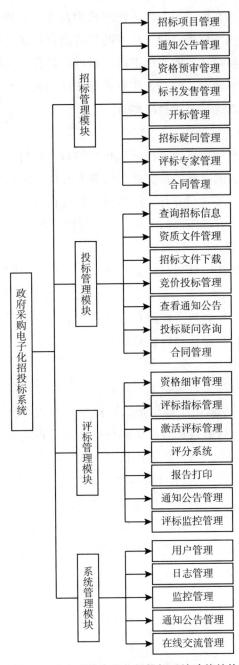

图 9.6 政府采购电子化招投标系统功能结构

求的供应商发售招标文件。采购人或代理机构发送发售指令，项目进入发售中状态。采购人或代理机构将购买标书的供应商登记到系统中。供应商可以浏览发售中的招标项目，对购买标书的项目进行投标。采购人或代理机构可实时查看供应商投标动态。此时，所有投标文件均为加密状态。处于发售中的招标文件，是可以进行澄清和修改的。

5. 开标管理。

标书发售后，招标项目到达投标截止日期时，项目进入开标阶段，并解密标书发售阶段接收的所有投标文件。采购人或代理机构可一键下载汇总的解密投标文件，并生成项目开标表。最终，将项目开标表提交至系统中，采购人或代理机构完成开标阶段的工作，进入评标管理程序。

6. 招标疑问解答。

采购人或代理机构可针对供应商对该招标项目的提问进行回答。此功能可以实现实时交流，也可以实现留言交流。此功能主要针对广大的供应商，主要解决其投标过程中，对文件信息或者其他事务有疑问，或投标疑问的咨询，并由采购人或代理机构进行疑问解答。

7. 评标专家管理。

通用类政府采购项目，采购人、采购代理机构应从省级以上人民政府财政部门设立[①]的评审专家库中随机抽取评标专家参加项目评审，但某些特殊项目，采购人、采购代理机构有权了解评标专家是否适合该项目的评审，并采取相应措施。采购人、采购代理机构在接到评标专家名单后，应了解其工作单位和社会关系，发现评标专家与参加采购活动的供应商有利害关系的，应要求其回避。采购人、采购代理机构在接到评标专家名单后，应了解评标专家个人的有关情况，发现评标专家存在《政府采购评审专家管理办法》第二十九条规定的不良行为记录或受到刑事处罚的，应拒绝其参加采购项目的评审，并报告财政部门。

8. 合同管理。

评标结束确定中标供应商后，一般由采购人发起电子合同，并根据自动

---

① 政府采购评审专家管理办法 ［EB/OL］. 财政部网站，http：//gks. mof. gov. cn/guizhangzhidu/201611/t20161128_2467658. htm，2016－11－18.

生成的合同模板，填写合同要素信息，在合同审批后与成交供应商完成电子合同签订。电子合同网上签订后，需要审核备案。

9.3.4.2 投标管理模块

投标管理模块是政府采购电子化招投标系统的另一个基本功能，主要服务于供应商用户工作。根据供应商提供的需求，一般将投标管理模块划分查询招标信息、资质文件管理、招标文件下载、竞标投标管理、查看通知公告、投标疑问咨询以及合同管理。

1. 查询招标信息。

供应商登录系统后，可以浏览按照发布时间顺序排列的处于发售中的招标项目信息，也可通过招标项目名称、招标编号等关键字简单检索或高级检索的方式，快速定位希望投标的招标项目。

2. 资质文件管理。

供应商上传、删除、更换资格证明文件，供应商在进行标书购买和下载后，采购人或代理机构可以对供应商的资质文件进行审查。预审通过的供应商，允许其进行投标操作，对于不符合条件的供应商应淘汰。

3. 招标文件下载。

供应商预审通过后，并有意向，必须支付投标保证金，并获取采购人或代理机构提供的提取码后，才能下载招标文件及投标文件模板。

4. 竞价投标管理。

供应商将按招标要求编制成功的投标文件上传至系统中。供应商在系统中可查看投标项目列表，项目记录包括招标编号、采购人、投标公司名称、文件名称、上传日期、投标状态等基本信息。当然，在投标截止日前还可以对投标文件进行删除、重新上传等操作。

5. 查看通知公告。

供应商拥有查看通知公告功能，能及时关注各种公告信息，尤其是招标项目结束后，中标公告的发布。

6. 投标疑问咨询。

供应商在投标过程中，对招标项目信息任何地方产生的疑问都可以通过此功能向采购人或代理机构进行投标疑问咨询。

7. 合同管理。

供应商在接收到中标通知和电子合同发起后，经确认无误，加盖电子签章并保存，即完成电子合同签订。

9.3.4.3 评标管理模块

评标管理模块是为评标专家评标提供的功能。根据评标专家提供的需求将评标管理模块划分为资格细审管理、评标指标管理、激活评标管理、评分系统、报告打印、通知公告管理以及评标监控管理。

1. 资格细审管理。

资格细审是由评标委员会对投标供应商进行详细审核，主要审查供应商有无能力胜任、机构是否健全、有无良好的信誉、有无从事过类似工程的经历、工作人员是否合格、机械设备是否适用施工、周转资金是否足够等方面作实质性的审核。只有资格细审通过的供应商，才能进入评标程序。

2. 评标指标管理。

评标前评标委员会制定打分规则，并对标书内容进行权重分析，对各项内容评标的加权进行科学的划分及给出合理的分值标准，以便在评标中得出相对准确的评分。评标的评价指标明细及其权重在评标前通过通知公告告知供应商。评分权重公布给供应商体现了招标的公开、公平、公正和诚实信用原则，同时可以根据采购人对招标标的物的关注点，引导供应商有侧重地进行投标文件编制，提供更优质的服务或承诺。

3. 激活评标管理。

采购人开标后，评标专家取得相应的评审权限后，合格的投标文件被导入评标激活，形成该项目评标数据包，即可查询、浏览、下载待评审项目的相关文件。此时供应商的报价、工期和质量等数据可在屏幕上进行滚屏显示。

4. 评分系统。

评标专家在得到相应的评审权限后，评标专家根据打分规则进行打分，系统自动计算出评分和排名结果，并进行结果分析，供采购人决策，得出中标结果，使评标工作简化，同时减少人为误差，大大提高工作效率。

5. 报告打印。

评标结束后，自动形成评标报告表、技术评标汇总表、评标专家评分表、评分汇总表、招标开标会议记录表、定标报告、企业状态表等评审结果文件，被授权为评委组长的评标专家还需在所有评标专家评审签字完成后，将上述评审结果文件提交至系统，供相关人员下载和打印。

6. 通知公告管理。

评标专家可以通过通知公告功能查看权限范围内的相关信息。评标委员会通过此功能可将评审指标明细及权重通知供应商。

7. 评标监控管理。

评标专家提供异地评标专用终端，利用互联网实现评标数据、音频、视频等共享，招投标监管人员可通过数据、音频、视频进行网上监管。

9.3.4.4 系统管理模块

系统管理员可通过系统管理模块实现用户管理、日志管理、监控管理、通知公告管理以及在线交流管理等功能。

1. 用户管理。

用户管理功能是用来管理政府采购代理机构、采购人、供应商、评标专家及系统管理员的用户信息。用户管理信息主要包括用户 ID、用户名称、用户密码等基本信息。系统管理员可通过用户管理功能对系统用户进行编辑、删除、重置等配置，也可通过用户管理功能为不同用户设定不同的权限。

2. 日志管理。

日志管理的功能主要包括操作日志和登录日志，操作日志是对系统正常操作进行日志记录，登录日志记录系统用户登录时间、登录地点等信息。

3. 监控管理。

监控管理功能主要包括在线用户监控及服务监控。在线用户监控功能主要是对当前系统中活跃用户状态进行监控，并且系统管理员可以对可疑用户执行强制退出操作，保障系统安全。服务监控功能主要是对电子化招投标系统平台各个功能模块的状态进行监测，保障系统平台的正常运行。

4. 通知公告管理。

系统管理员可以通过通知公告发布维护系统的公告信息。

5. 在线交流管理。

通过在线交流功能，系统管理员可以与系统用户进行交流互动。

9.4 政府采购电子化系统实例

9.4.1 政府采购电子化系统简介

现在用于政府采购的电子化系统平台有很多，突如其来的新冠肺炎疫情，更增进了政府采购电子化系统的推广和使用。为做好疫情防控工作，有效减少人员聚集，保障相关人员的生命安全和身体健康，财政部印发了《关于疫情防控期间开展政府采购活动有关事项的通知》[①]，明确在疫情期间应尽量通过电子化方式实施采购。现将有关政府采购项目电子化采购系统介绍如下。[②]

9.4.1.1 中招联合招标采购系统

中招联合招标采购平台（http：//www.365trade.com.cn，主页如图9.7所示）开展的业务涵盖工程、货物、服务全部招标类型，支持公开招标等多种政府采购方式，致力于打造全面、规范、智能化的全电子交易平台。做到售标、投标、开标、评标、签字、培训"六不见面"，智能评标系统，可根据评审因素对投标应答项精准定位。采购人、项目经理、评审专家通过音视频系统实时互动交流，供应商与谈判（磋商）小组在线谈判（磋商），专家一键对评审报告批量签字。评审过程中专家的电脑始终处于录屏状态并实时保存，实现了评审全过程360度监控，真正做到远程异地分散评标。同时也为用户提供强大且灵活的企业内部综合办公功能，支持微信端移动办公。

9.4.1.2 必联电子招标投标系统

必联电子招标投标系统平台（https：//www.ebnew.com，主页如图9.8

---

① 关于疫情防控期间开展政府采购活动有关事项的通知［EB/OL］. 财政部网站，http：//gks.mof.gov.cn/guizhangzhidu/202002/t20200207_3466846.htm.
② 政府采购项目电子化交易系统介绍［EB/OL］. 中国政府采购网，http：//www.ccgp.gov.cn/etp/.

所示）支持招投标交易的全流程电子化，从项目建档开始，发标、购买标书、投标、开标、评标均可在线或远程异地进行，在开评标过程中，各交易主体和相关工作人员可通过网络系统、CA 加解密技术完成相关开标、评审操

图 9.7　中招联合招标采购系统主页

图 9.8　必联电子招标投标系统主页

作和沟通，监管部门也可全程在线监管。同时，平台支持跨平台（公服、监管）数据的实时流转，保障业务不间断。必联平台支持设备类、物资类、工程类、服务类等多种在线招标采购业务，并有丰富的辅助类应用和智能商务应用，以菜单化、积木化的组建方式帮助用户快捷实施电子招投标。

9.4.1.3　国采政府采购电子化交易系统

国采政府采购电子化交易系统（http：//guocai.cppchina.cn，主页如图9.9所示）已实现政府采购 6 种法定采购方式，以及网上商城（直采、议价、竞价）3 种方式全流程电子化、无纸化采购。该平台实现了计划委托、任务分办、文件编制、文件审核、场地预约、公告发布、专家管理、供应商报名、质疑及回复、投标、开标、资格审查、分数统计、报告生成、报告签章、文件归档等各环节电子化，支持绿色节能产品、中小微企业等在线查询。

图 9.9　国采政府采购电子化交易系统主页

9.4.1.4　国信 e 采招标投标交易平台

国信 e 采招标投标交易平台（http：//www.e-bidding.org，主页如图

9.10 所示）支持远程异地评标和分散评标功能。平台部署有面向用户的手机扫码签章 APP，该 APP 将证书颁发机构（certificate authority，CA）数字证书驱动集成到手机移动端，代替实体密钥，即办即用免邮寄，与 CA 数字证书具有同等法律效力；通过刷脸与身份证扫描快速验证专家身份。国信 e 采招标投标交易平台还提供电子保函服务，在线办理投标保函。

图 9.10　国信 e 采招标投标交易平台主页

9.4.1.5　博思公采云平台电子招投标系统

博思公采云平台电子招投标系统（远程开标大厅页面，如图 9.11 所示）利用云计算、微服务、大数据等新技术，面向各采购人和代理机构倾力打造的一款在线电子招投标系统，可实现采购人、代理机构和供应商从招标需求委托、投标、开标、评标、定标全线上操作。此外，此系统支持远程异地开、评标，通过视频会议系统、虚拟开标大厅、证照识别系统等确保远程开评标的安全性、合法性，实现不见面、无接触采购。

9.4.1.6　招采进宝平台系统

招采进宝平台系统（https：//www.zcjb.com.cn/，主页如图 9.12 所示）

运用音视频录像、电脑录屏、手机监控、无介质 CA 签名、大数据、人工智能、区块链等技术，在行业内率先投运远程异地分散（居家）评标解决方案，支持分散评标、线上实时答疑、远程监督等功能，可以更好地契合各类采购业务的开展，既能帮助客户实现网上交易，又能满足业务管理和经营管理的需要。

图 9.11　博思公采云平台电子招投标系统开标大厅

图 9.12　招采进宝平台系统主页

9.4.1.7 政采云电子招投标系统

政采云电子招投标系统（https：//www. zcygov. cn）是基于政采云平台搭建，是政采云有限公司运用云计算、大数据等技术打造的一站式采购交易系统。该系统平台支持各方主体（采购人、代理机构、评审专家和供应商）在注册入驻并登录平台（政采云登录入口界面如图9.13所示）后，在线完成计划编报、文件编制、公告发布、专家抽取、投标评标、合同签订等采购流程，并利用视频会议、远程监控、身份识别等技术支持开评标环节的虚拟化场景（政采云远程开标大厅如图9.14所示）。同时，系统支持自定义审批流、自定义表单模板、自主配置预警提示，让采购变得简单高效。

9.4.1.8 用友政府采购一体化交易云平台系统

用友政府采购一体化交易云平台系统（https：//www. gpmart. cn，主页如图9.15所示）具有业务功能覆盖全面、交易流程规范透明、信息发布权威及时、政策功能体现充分等特点，是集"采购需求规范化、采购业务标准化、采购执行电子化、采购操作场景化、采购监管智能化"为一体的新型政府采

图9.13 政采云电子招投标系统平台登录入口

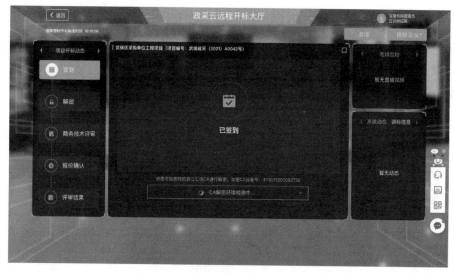

图 9.14　政采云远程开标大厅界面

图 9.15　用友政府采购一体化交易云平台系统主页

购执行交易和监管平台。云平台为政府采购项目中各类业务角色的用户提供了多元化的服务，在执行交易过程中贯穿了从预算绑定开始，到计划管理、信息公开、线上评审、合同归档直至支付完成等各环节的全部业务流程，并可为监管部门提供多维度的智能化监管手段。

9.4.1.9 布络全流程电子化政府采购交易平台系统

布络全流程电子化政府采购交易平台（http：//blcg. bossbolo. com，主页如图 9.16 所示）实现了全部流程电子化，涵盖了从项目论证、申报、审批、计划下达、委托协议签订、文件编制、项目开评标、确定成交供应商、采购合同签订、验收备案到最后的支付申请等全部流程的电子化。全部电子化流程适用于公开招标、邀请招标、竞争性谈判、竞争性磋商、单一来源采购、询价、电子竞价、商场直购等所有采购方式。供应商通过平台远程报名、远程获取采购文件、远程递交数字标书，同时平台集成人脸识别和远程视频功能，实现远程开标、异地平台、在线磋商和谈判，采购人与成交供应商之间在线签订合同。采购人、代理机构、供应商、监督机构都无须线下往返，全程在线沟通，过程加密存档，全程无接触不见面。用户通过 CA、电子签名签章和手写签名版等技术的集成应用，实现采购文件、供应商应答文件、开标记录、磋商谈判文件、评审结果、质疑投诉文件等所有过程文件电子签名签章，实现所有文件、档案无纸化。

图 9.16 布络全流程电子化政府采购交易平台系统主页

9.4.1.10　精彩纵横电子化招标采购交易平台系统

精彩纵横电子化招标采购交易平台系统（http：//www.jczh100.com，主页如图9.17所示）全面实现了招标采购全流程电子化，为政府部门和大型企事业单位提供自主采购、招投标咨询、供货寻源、采购供应链金融、基于大数据的采购策略指导、市场行情分析等全面覆盖招标采购供应链的全方位服务。

图9.17　精彩纵横电子化招标采购交易平台系统主页

9.4.1.11　新点电子交易平台系统

新点电子交易平台系统（https：//www.etrading.cn，主页如图9.18所示）提供从采购需求申请审批、计划安排、采购项目立项（采购方案）审批、招标/采购文件编制、招标/采购公告发布、招标/采购文件网上支付及下载、投标/响应文件编制、网上投标/响应，到网上开标/开启响应文件、电子评标/评审、定标/确定成交直至合同签订、交易过程归档的全流程电子化、程序化、规范化、智能化管理。

图 9.18　新点电子交易平台系统主页

9.4.2　中央机关政府采购电子化系统应用实例

中央政府采购网是中央国家机关政府采购中心的门户网站。中央国家机关政府采购中心成立于 2003 年 1 月 10 日，是中央国家机关政府集中采购的执行机构。中央国家机关政府采购中心的主要职责是：负责统一组织实施中央国家机关政府集中采购目录中的项目采购，受委托承办集中采购目录外的项目采购，制定集中采购操作规程，负责集中采购业务人员的培训，办理其他采购事务等。

9.4.2.1　用户入驻平台操作与配置

中央政府采购网平台支持用户账号登录、短信登录、CA 登录和电子营业执照登录。无论使用哪种方式登录，都必须先进行注册。注册时，请先进入中央政府采购网（http：//www. zycg. gov. cn）主页，点击"国 e 采"，进入中央国家机关政府采购中心登录/注册界面，如图 9.19 所示。单击"注册"按钮进入新用户注册页面，按照要求填写信息完成注册。登录时，可以按照四种登录方式之一即可登录使用。

图 9.19　中央国家机关政府采购中心用户登录/注册界面

9.4.2.2　政府委托项目采购操作实例

政府委托项目采购一般是由采购人发起，由采购中心主持完成的。在中央政府采购网上的具体操作流程如图 9.20 所示。

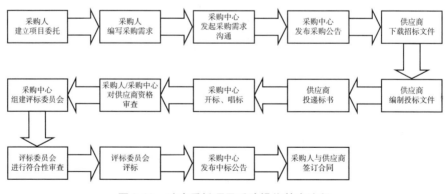

图 9.20　政府委托项目采购操作基本流程

（1）采购人建立项目委托，选择进行采购的分类（货物类、服务类、工程类），并填写相应的项目信息及采购需求。

（2）采购人编写采购需求，选择相应的采购需求模板，首先填写相应的商务需求，该部分信息会同步至招标文件，然后填写技术、服务需求等。接着填写评分细则需求，采购人在此可以设置相应的评审办法，该部分会与后续的评标过程相关联。

（3）采购中心经办人发起采购需求沟通，经与采购人沟通后确认采购需求。

（4）采购中心发布采购公告。

（5）供应商查看公告，下载招标文件。

（6）供应商编制投标文件，主要包括编辑资格审查材料、商务和技术部分等主要内容，最后加盖公章生成标书。

（7）供应商加密并投递标书，对投标文件进行加密处理，即可投递标书。

（8）采购中心经办人主持开标，解密标书，然后发起唱标，系统展示报价。

（9）采购人或采购中心对供应商进行资格审查，一般包括营业执照、商业信誉和财务会计制度、纳税及社保资金记录等。

（10）采购中心负责组织评标，根据有关规定组建评标委员会。

（11）评标委员会对通过资格审查的投标人的投标文件进行符合性审查。

（12）评标委员会按照招标文件中规定的评标方法和标准，对相应投标文件进行客观分、主观分等进行评分、汇总和排序，并确定中标候选人，完成评标报告。

（13）采购中心根据评标报告确定中标人，并发布中标公告。

（14）采购人与中标供应商签订合同。

9.4.3　地方政府采购电子化系统应用实例

以下内容以新疆生产建设兵团政府采购网为例，介绍地方政府采购电子化系统的实际应用情况，能使读者和政府采购相关用户对地方政府采购电子化系统有初步的认识和了解。

兵团政府采购网（http：//ccgp - bingtuan. gov. cn）是新疆生产建设兵团

各级政府采购信息发布的指定网站。网站免费提供政府采购发布的公告信息和方便的查阅功能，同时是中国政府采购网新疆生产建设兵团分网，和其他地方政府采购网一样都是中国政府采购网的有机组成部分。为确保兵团政府采购网的权威性、规范性和安全性，新疆生产建设兵团政府采购网进一步提升网站服务功能，不断强化安全防护，优化页面设计，完善检索功能等。同时要求各级政府部门和组织采购人及采购代理机构在新疆生产建设兵团政府采购网发布的政府采购项目信息，应当在兵团公共资源交易平台（http：//ggzy．xjbt．gov．cn）同步公开，并确保在不同媒体发布的同一政府采购信息要保持一致。另外，预算金额超过500万元的政府采购项目信息，新疆生产建设兵团政府采购网要通过数据接口同步推送至中国政府采购网中央主网，并在中国政府采购网同时同步发布，体现出政府采购信息发布的一致性和权威性。

9.4.3.1　用户入驻平台操作与配置

1. CA管理操作。

新疆生产建设兵团政府采购网平台支持用户账号登录和CA登录。这里需要用户注意，使用"账号+密码"登录，存在许多安全隐患，比如密码需要记忆，密码容易遗失，并且遗失不易察觉。注册下载已经集成的CA驱动进行登录，在CA认证通过的基础上，则查询已经绑定的用户从而实现CA登录，进而可以保证信息传输的保密性、数据交换的完整性、发送信息的不可否认性和对交易者身份的确认。因此，CA认证和登录具有权威性、不易伪造、不容易被冒用、不可破解、遗失容易发现等特性。故而，建议用户使用CA登录。

使用时，请首先登录新疆生产建设兵团政府采购网主页（http：//ccgp - bingtuan．gov．cn），点击"登录入口"模块进行登录。其操作的基本步骤如图9.21所示。

图 9.21　CA 管理操作基本步骤

（1）下载 CA 驱动。用户在绑定 CA 账号之前，需要先下载 CA 驱动，然后方可进行 CA 绑定。

（2）绑定 CA 账号。CA 管理支持一个用户绑定多个 CA，但一把 CA 锁只能绑定一个用户，用户通过账号登录后通过平台提供的 CA 管理进行 CA 绑定或者解绑。

（3）CA 登录。绑定 CA 账号后，用户即可直接使用 CA 锁登录兵团政府采购平台。

2. 采购人入驻与配置操作。

采购人入驻兵团政府采购平台的基本步骤如图 9.22 所示。

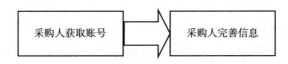

图 9.22 采购人入驻采购平台的基本步骤

（1）采购人获取账号。对于采购人来说，获取账号的方式一般有两种：第一种，如果是采购人（单位）的初始账号，一般是由兵团政府采购平台或监管部门直接导入，采购人可直接咨询兵团政府采购平台或区划对应的监管部门获取账号；第二种，采购人在获得初始账号后的其他账号是采购人的管理人员创建的，可以找采购人的管理人员获取账号。

（2）采购人完善信息。用户使用账号密码登录后，须先完善信息。包括机构信息、个人信息和验证手机，其中打"＊"号的为必填信息，并保证所填信息的正确性。

3. 代理机构入驻与配置操作。

代理机构在兵团政府采购平台进行注册账号后，需要完善入驻资料并提交采购监管部门审核、入库，成为正式代理机构。如果代理机构是首次在兵团政府采购平台注册代理机构账号，请准备一个可使用的手机号码来注册绑定账号，以接收验证码，并按照如图 9.23 所示的基本步骤进行。

（1）代理机构注册账号。使用时，请首先登录新疆生产建设兵团政府采购网主页（http：//ccgp - bingtuan. gov. cn），点击"代理机构登记备案"模块进行注册，并请按照要求填写所有信息。

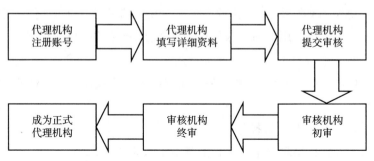

图9.23　代理机构入驻采购平台的基本步骤

（2）代理机构填写详细资料。在上一步创建账号成功后，便可登录，系统会自动进入"资料填写"页面，代理机构需完善相应的详细资料。

（3）代理机构提交审核。代理机构完善详细资料后，需提交至相应的审核机构（兵团财政局）进行审核。

（4）审核机构进行初审。审核机构（兵团财政局）认真审查代理机构提交的信息，如果存在问题，反馈"审核不通过"，并给出原因，以便代理机构修改或补充资料。

（5）审核机构通过终审。代理机构提交或者修改补充后的信息正确、资料完备便可通过终审。

（6）成为正式代理机构。代理机构终审通过后，便成为兵团政府采购平台的正式代理机构了。

4. 供应商入驻与配置操作。

供应商若在兵团政府采购平台参与政府采购交易，必须先在兵团政府采购平台完成注册入驻。如果首次在兵团政府采购平台注册供应商账号，请准备一个可使用的手机号码来注册绑定账号，接收验证码，并按照如图9.24所示的基本步骤进行。

（1）供应商注册账号。使用时，请首先登录新疆生产建设兵团政府采购网主页（http：//ccgp – bingtuan. gov. cn），点击"供应商注册"模块进行注册，并请按照要求填写所有信息。

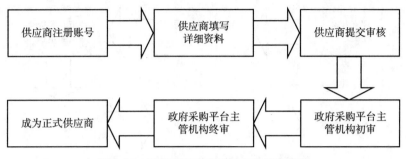

图 9.24 供应商入驻采购平台的基本步骤

（2）供应商填写详细资料。在上一步创建账号成功后，便可登录，供应商需完善相应的详细资料。

（3）供应商提交审核。供应商完善详细资料后，需提交至相应的审核机构进行审核。

（4）政府采购平台进行初审。政府采购平台认真审查供应商提交的信息，如果存在问题，反馈"审核不通过"，并给出原因，以便供应商修改或补充资料。

（5）政府采购平台通过终审。供应商提交或者修改补充后的信息正确、资料完备便可终审通过。

（6）成为正式供应商。供应商终审通过后，便成为兵团政府采购平台的正式供应商了。

5. 评审专家入驻与配置操作。

评审专家若在兵团政府采购平台参与评标工作，必须先在兵团政府采购平台完成注册入驻。如果首次在兵团政府采购平台注册评审专家账号，请准备一个可使用的手机号码来注册绑定账号，接收验证码，并按照如图 9.25 所示的基本步骤进行。

（1）评审专家注册账号。使用时，请首先登录新疆生产建设兵团政府采购网主页（http：//ccgp-bingtuan.gov.cn），点击"采购评审专家注册"模块进行注册，并请按照要求填写所有信息。

（2）评审专家填写详细资料。在上一步创建账号成功后，便可登录，需完善相应的详细资质材料。

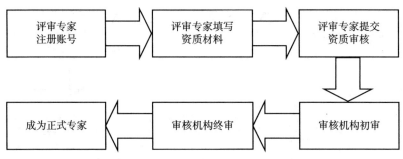

图9.25 评审专家入驻采购平台的基本步骤

（3）评审专家提交审核。评审专家完善详细资料后，需提交至相应的审核机构（同级财政部门）进行审核。

（4）审核机构进行初审。审核机构（同级财政部门）认真审查评审专家提交的资质材料，如果存在问题，反馈"审核不通过"，并给出原因，以便评审专家修改或补充资料。

（5）审核机构进行终审。评审专家提交或者修改补充后的信息正确、资料完备后，审核机构（同级财政部门）便可通过终审。

（6）成为正式评审专家。评审专家终审通过后，便成为兵团政府采购平台的正式评审专家了。

9.4.3.2 政府项目采购公开招投标采购操作实例

为规范政府采购项目电子交易行为，保障交易过程公平、公正和安全，提高政府采购效率，促进政府采购项目电子交易活动健康、有序运行，兵团政府采购平台提供了政府项目采购公开招投标采购的全部功能，包括采购人采购计划编制与管理、代理机构主持招投标的全部过程。

1. 采购人：采购计划编报与管理操作。

采购人在实施政府项目采购时，需要编报采购计划。采购人编报采购计划与管理操作，其流程如图9.26所示。

图9.26 采购人编报采购计划与管理操作流程

（1）采购人系统管理员登录系统平台。采购人系统管理员具有本单位员工的最高权限，可以为其他员工关联岗位权限，关联岗位权限后员工才可以进行相关的业务操作。系统管理员登录系统后即可进行后续操作。

（2）采购人系统管理员岗位权限配置。系统管理员为其他员工分配岗位权限，例如设置"经办岗"，用于编制、管理采购计划；设置"审核岗"，用于审核采购计划；设置"终审岗"，用于确认采购计划。

（3）经办人申请采购计划。采购人需要根据采购内容及预算等情况填写申请信息，通过相关审核机构审核，采购计划生效后才能使用。

（4）审核人审核采购计划。审核人审核内容无误后，如果无异议选择审核通过，如果"不同意"，填写审核意见后退回给经办人进行修改。

（5）审核人进行终审确认。经过审核人最终确认后，即可确认采购计划，便可委托代理机构进行公开招标。

2. 项目采购委托采购操作流程。

在政府项目采购委托公开招投标采购过程中，一般都是由采购人发起的。其流程如图 9.27 所示。

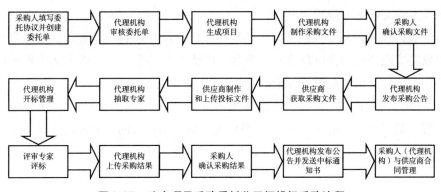

图 9.27 政府项目采购委托公开招投标采购流程

（1）采购人填写委托协议并创建委托单。采购人在界面中填写"协议基本信息"，创建委托单，并关联采购计划，然后转入内部审核，审核通过后，最后选择"代理机构受理人"后，转采购代理机构受理审核。

（2）代理机构审核委托单。采购人将项目委托给采购代理机构操作，通过政府采购平台发起委托单，采购代理机构在平台进行受理，受理过程首先要对委托单进行审核。审核人审核委托单信息无误后，如果无异议选择审核通过；如果有异议，则不同意。

（3）代理机构生成项目。委托单审核通过后，代理机构将采购计划分派给相关经办人，由经办人生成项目。

（4）代理机构制作采购文件。项目生成后，代理机构分派给相关经办人编制采购文件。

（5）采购人确认采购文件。代理机构接受委托后，生成项目并制作采购文件，将采购文件线上发给采购人审核确认。

（6）代理机构发布采购公告。采购人确认采购文件后，采购代理机构对采购文件进行内审，审核通过后提交给财政备案。公告由财政备案通过后即可发布招标公告。兵团财政局要求①政府采购信息发布执行财政部《政府采购公告和公示信息格式规范（2020 年版）》规定②，其招标公告的格式如图9.28 所示。代理机构采用推荐、随机抽取方式邀请供应商的，应当通过兵团政府采购平台发出邀请通知和采购文件。对尚未注册使用平台的供应商，应当向其发出书面邀请书，并载明项目实行电子交易、交易平台注册登录方式以及采购文件获取途径和方式。

（7）供应商获取采购文件。采购代理机构发布采购公告后，已注册为兵团政府采购平台的供应商可登录平台，申请获取采购文件，待采购代理机构审核通过后，供应商可下载采购文件。

（8）供应商制作和上传投标文件。供应商进行电子投标（响应）应安装客户端软件，并按照采购文件和兵团政府采购平台的要求编制并加密投标（响应）文件，通过交易平台提交投标（响应）文件。

---

① 关于进一步做好政府采购信息公开的通知［EB/OL］. 兵团政府采购网，http：//ccgp－bing-tuan. gov. cn/btcgPurchaseNews/btcgImportantNotice/btcgCorpsLevel/4056853. html，2020－11－24.

② 关于印发《政府采购公告和公示信息格式规范（2020 年版）》的通知［EB/OL］. 财政部网站，http：//gks. mof. gov. cn/guizhangzhidu/202003/t20200324_3487586. htm，2020－03－18.

招标公告

项目概况

(采购标的) 招标项目的潜在投标人应在_(地址)_ 获取招标文件，并于　　年 月 日 点 分（北京时间）前递交投标文件。

一、项目基本情况

项目编号（_或招标编号、政府采购计划编号、采购计划备案文号等，如有_）：

项目名称：

预算金额：

最高限价（_如有_）：

采购需求：（_包括但不限于标的的名称、数量、简要技术需求或服务要求等_）

合同履行期限：

本项目（_是/否_）接受联合体投标。

二、申请人的资格要求：

1. 满足《中华人民共和国政府采购法》第二十二条规定；

2. 落实政府采购政策需满足的资格要求：（_如属于专门面向中小企业采购的项目，供应商应为中小微企业、监狱企业、残疾人福利性_

（a）

单位)

3.本项目的特定资格要求：（*如项目接受联合体投标，对联合体应提出相关资格要求；如属于特定行业项目，供应商应当具备特定行业法定准入要求。*）

三、获取招标文件

时间：＿＿年＿月＿日至＿＿年＿月＿日（*提供期限自本公告发布之日起不得少于5个工作日*），每天上午＿至＿，下午＿至＿（北京时间，法定节假日除外）

地点：

方式：

售价：

四、提交投标文件截止时间、开标时间和地点

＿＿年＿月＿日＿点＿分（北京时间）（*自招标文件开始发出之日起至投标人提交投标文件截止之日止，不得少于20日*）

地点：

五、公告期限

自本公告发布之日起5个工作日。

六、其他补充事宜

(b)

七、对本次招标提出询问，请按以下方式联系。

　　1. 采购人信息

　　名　称：＿＿＿＿＿＿＿＿＿＿＿

　　地址：＿＿＿＿＿＿＿＿＿＿＿

　　联系方式：＿＿＿＿＿＿＿＿＿＿

　　2. 采购代理机构信息（如有）

　　名　称：＿＿＿＿＿＿＿＿＿＿＿

　　地　址：＿＿＿＿＿＿＿＿＿＿＿

　　联系方式：＿＿＿＿＿＿＿＿＿＿

　　3. 项目联系方式

　　项目联系人：（组织本项目采购活动的具体工作人员姓名）

　　电　话：＿＿＿＿＿＿＿＿＿＿＿

（c）

图 9.28　政府采购招标公告模板

　　（9）代理机构抽取专家。投标（响应）截止时间后，在预定时间，采购代理机构在评审专家抽取管理页面找到需要抽取的项目，完善抽取信息，填写抽取需求（包括填写专家和用户代表人数，设置开标时间、评审时间等信息以及需要回避的专家、单位以及回避原因）。然后设置抽取方案，并需在 48 小时内采取随机方式在兵团政府采购平台评审专家库中抽取评审专家。抽取成功后，专家库系统加密生成抽取结果。评审开始前 30 分钟，交易平台自动解密抽取结果。

　　（10）代理机构开标管理。项目到达开标时间，由采购代理机构组织开标。评标前需要确定评分方法，签收、解密投标文件并设置评审小组组长。在此采用不见面开评标，需要发起视频评审并对摄像头和麦克风的使用权限进行设置，然后便可由代理机构经办人主持开标。

（11）评审专家评标。项目开标后，评审专家登录兵团政府采购平台，对项目进行在线评审。由于本例中评审专家使用不见面评标，参与评标时需要自备摄像头，从而对专家进行人脸识别认证。认证通过后，评审专家进入"评审"页面，按照工作分工和评标要求进行评标并上传评审结果。

（12）代理机构上传采购结果。代理机构查看供应商得分汇总情况以及评审小组组长的比较和评价，认真查看中标供应商，确认结果无误后，并将评审结果进行上传以便采购人确认。

（13）采购人确认采购结果。代理机构提交评审结果后需要采购人在兵团政府采购平台线上确认结果。

（14）代理机构发布公告并发送中标通知书。采购代理机构将采购结果转由采购人确认，采购人确认完成后，代理机构发布采购结果公告。接着由采购代理机构制作中标通知书，给中标供应商发送中标通知书。兵团财政局要求政府采购信息发布执行财政部《政府采购公告和公示信息格式规范（2020年版）》规定，其中标（成交）公告的规定格式模板如图9.29所示。

（15）采购人（代理机构）与供应商合同管理。采购人应当通过兵团政府采购平台与中标、成交供应商签订合同，并在规定时间内依法发布合同公告。兵团财政局要求政府采购信息发布执行财政部《政府采购公告和公示信息格式规范（2020年版）》规定，其合同公告的规定格式模板如图9.30所示。

签订合同后，由采购人发起，代理机构主持的政府项目采购委托公开招投标采购操作流程基本完成。当然还有其他政府采购操作流程，比如政府采购项目采购人自行组织（公开招标）流程，只要理解了政府采购电子化的精髓，都是大同小异，在此不再叙述。需要注意的是，上述应用实例只是政府采购的极小部分，因为政府采购是一个复杂而又细致的系统工程，而且需要采购人、代理机构、评审专家、供应商等各个角色精诚合作。因此，在实际操作过程中，可参考兵团政府采购网提供的操作指南（http：//ccgp‐bingtu‐an. gov. cn/btcgBusinessGuide/btcgCategory12/index. html）。

中标（成交）结果公告

一、项目编号（*或招标编号、政府采购计划编号、采购计划备案文号等，如有*）：

二、项目名称：

三、中标（成交）信息

供应商名称：

供应商地址：

中标（成交）金额：（*可填写下浮率、折扣率或费率*）

四、主要标的信息

货物类	服务类	工程类
名称：	名称：	名称：
品牌（如有）：	服务范围：	施工范围：
规格型号：	服务要求：	施工工期：
数量：	服务时间：	项目经理：
单价：	服务标准：	执业证书信息：

五、评审专家（单一来源采购人员）名单：

六、代理服务收费标准及金额：

七、公告期限

自本公告发布之日起 1 个工作日。

八、其他补充事宜

九、凡对本次公告内容提出询问，请按以下方式联系。

（a）

1. 采购人信息

名　　称：＿＿＿＿＿＿＿＿＿＿＿

地　　址：＿＿＿＿＿＿＿＿＿＿＿

联系方式：＿＿＿＿＿＿＿＿＿＿＿

2. 采购代理机构信息（如有）

名　　称：＿＿＿＿＿＿＿＿＿＿＿

地　　址：＿＿＿＿＿＿＿＿＿＿＿

联系方式：＿＿＿＿＿＿＿＿＿＿＿

3. 项目联系方式

项目联系人：（组织本项目采购活动的具体工作人员姓名）

电　　话：＿＿＿＿＿＿＿＿＿＿＿

十、附件

1. 采购文件（已公告的可不重复公告）

2. 被推荐供应商名单和推荐理由（适用于邀请招标、竞争性谈判、询价、竞争性磋商采用书面推荐方式产生符合资格条件的潜在供应商的）

3. 中标、成交供应商为中小企业的，应公告其《中小企业声明函》

4. 中标、成交供应商为残疾人福利性单位的，应公告其《残疾人福利性单位声明函》

5. 中标、成交供应商为注册地在国家级贫困县域内物业公司的，应公告注册所在县扶贫部门出具的聘用建档立卡贫困人员具体数量的证明。

(b)

图 9.29　政府采购中标（成交）结果公告模板

合同公告

一、合同编号：_____

二、合同名称：_____

三、项目编号（*或招标编号、政府采购计划编号、采购计划备案文号等，如有*）：_____

四、项目名称：_____

五、合同主体

采购人（甲方）：_____

地　址：_____

联系方式：_____

供应商（乙方）：_____

地　址：_____

联系方式：_____

六、合同主要信息

主要标的名称：_____

规格型号（或服务要求）：_____

主要标的数量：_____

主要标的单价：_____

合同金额：_____

履约期限、地点等简要信息：_____

采购方式：（*如公开招标、竞争性磋商、单一来源采购等*）

七、合同签订日期：_____

八、合同公告日期：_____

九、其他补充事宜：_____

　　附件：上传合同（*采购人应当按照《政府采购法实施条例》有关要求，将政府采购合同中涉及国家秘密、商业秘密的内容删除后予以公开*）

图 9.30　政府采购合同公告模板

9.4.4 全程"不见面"招投标平台应用实例

中招联合全流程远程异地开评标，可以实现"购标、投标、开标、评标、签字、培训"过程不见面，所有过程通过手机、电脑远程实现。具体来说，项目筹备期间，技术实施和服务人员远程协助招标人/代理机构完成评标配置、测试系统项目演示等全部准备工作。项目开标后，供应商在线 CA 解密，各相关主体在线签字，评审专家居家远程分散评标并签字；评标结束后并在线发送中标通知书。整个过程通过中招联合在线音视频系统进行实时交流，确保了评标过程的顺利进行。另外，所有评审专家的操作都进行录屏，评标结束后自动上传录屏记录，还可以下载查看。

9.4.4.1 用户入驻平台操作与配置

中招联合电子招标平台支持用户账号登录和 CA 登录。使用前，都必须先进行注册。注册时，请先进入中招联合招标采购网（http://www.365trade.com.cn）主页，点击"招标采购平台登录入口"，进入用户登录/注册界面，如图 9.31 所示。单击"注册"按钮进入新用户注册页面，按照要求填写信息完成注册。

图 9.31 中招联合电子招标平台登录界面

9.4.4.2 招标采购项目操作实例

招标采购项目一般是由招标人发起，由平台指派专属人员提供网上全程技术服务。其具体操作流程如图 9.32 所示。

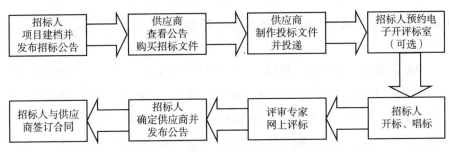

图 9.32 全程"不见面"招投标操作流程

（1）招标人在线进行项目建档，编辑采购文件并发布采购公告。

（2）供应商在线查看公告，并购买招标文件。

（3）供应商在线制作投标文件，加密并投递标书。

（4）招标人可以在线预约中招联合电子开评标室进行"面对面"开评标，如图 9.33 所示，也可以采用现场"面对面"开评标。

图 9.33 电子开评标室预约平台

（5）在预定时间进行开标、唱标。

（6）评审专家网上评标，确定中标候选人。由于全程需要监督，所以专家需要具备网络环境和电脑、摄像头、音响、话筒等设备。

（7）招标人确定中标供应商，并发布中标公告。

（8）招标人与供应商签订合同。

9.4.5 学校公共采购电子化系统应用实例

根据教育部发布的统计数据①：截至2021年9月30日，全国高等学校共计3012所，其中：普通高等学校2756所（本科1270所、专科1486所），成人高等学校256所。与2020年相比增加了7所，我国普及高等教育的建设工作取得了进一步的发展。随着我国科教兴国战略和人才强国战略的全面施行，高等学校的办学规模不断扩大，国家和各级地方政府对高等学校的投入也逐年增长。国家和各级地方政府投入高等学校的资金主要用于高等学校的基本运行和办学条件的改善。其主要包括基础设施建设和改造（如办公楼、教学楼、实验楼、体育场馆、学生宿舍、学生餐厅等建筑物的建设和维修改造）以及各种实验仪器设备和软件购置、满足教学/培训要求的教材购置、必要的运输和通信设备的购置等。另外，还包括高等学校教师和科研人员在完成科研工作时需要购置的各类科研物资等。这就对高等学校的工程和物资采购工作提出了更新、更高的要求。高等学校电子化集中采购作为一种新兴的采购手段，其优势已经越来越明显地体现在当今的高等学校政府采购过程中，并能充分满足高等学校对工程和物资采购高效便捷的要求。同样地，对于科研工作物资的电子化集中采购，可以有效降低科研成本，提高科研经费使用效益，并能够获得更好的售后服务。

"高校 e 采"电子交易平台（http：//www.ebidding.cn，主页如图9.34所示）主要面向中小学校、教育相关部门、高校招标采购需求人员、招标采购管理人员、招标采购监督人员、投标供应商及评标专家等各方主体，实现

---

① 全国高等学校名单［EB/OL］. 教育部网站，http：//www.moe.gov.cn/jyb_xxgk/s5743/s5744/A03/202110/t20211025_574874.html.

全流程电子化的招标采购交易服务。为教育相关部门或高校用户提供内部集中采购业务流程审批、招标采购协同管理，为投标供应商提供商品报价、网上投标、电子竞价等功能，为评标专家提供在线审核和评标等功能，为监督人员提供实时监控和预警纠错等功能，为管理部门和领导提供统计分析等功能。

图 9.34 "高校 e 采"电子交易平台主页

9.4.5.1 用户入驻平台操作与配置

参与高校采购的用户角色，一般分为：高校、代理机构和供应商。登录/注册时，首先请登录"高校 e 采"平台主页，找到并点击相应用户角色类型入口。高校用户的登录界面如图 9.35 所示，代理机构用户的登录界面如图 9.36 所示，供应商用户的登录界面如图 9.37 所示，供应商用户的注册界面如图 9.38 所示，而且供应商用户是可以进行 CA 登录的。注册完成后，根据菜单栏目要求完成各类用户诚信信息的填写。

图9.35 "高校 e 采"电子交易平台高校用户登录界面

图9.36 "高校 e 采"电子交易平台代理机构用户登录界面

图9.37 "高校e采"电子交易平台供应商用户登录界面

图9.38 "高校e采"电子交易平台供应商用户注册界面

9.4.5.2 "高校e采"高校分网

入驻"高校e采"电子交易平台的高校，即可根据学校的需求，设计出具有学校特点的"高校 e 采"学校分网。各个高校分网具有独立的域名，这里以江苏大学分网（http：//www.ebidding.cn/ujs）为例，其主页如图 9.39 所示。学校政府采购主管部门可以按照学校的需求和采购的程序在网站上进行采购。

图 9.39　"高校 e 采"高校分网主页界面

9.4.5.3　"高校 e 采"高校分网自行组织公开招标流程

高等学校在进行集中采购或招标采购过程中，一般要成立采购与招投标工作办公室，用于指导、组织与协调学校采购与招标管理工作，主要负责审核采购与招标申请，发布招标公告；负责采购与招标方式的审定和采购文件的审查；负责监督采购与招标活动程序的执行；负责组建和管理评标专家库、供应商信息库、不良行为信息库等。

高校自行组织的项目采购的公开招标工作流程如图 9.40 所示。

（1）学校成立项目采购专项工作组，提交书面采购申请（包括采购项目的审批立项文件、采购项目经费来源的核实资料、重大项目专业设备采购的专家论证报告等材料），报招标办审核；

（2）招标办审核专项工作组提交的招标申请。

（3）专项工作组在招标申请通过后，编制采购文件，并提交审计处审核。

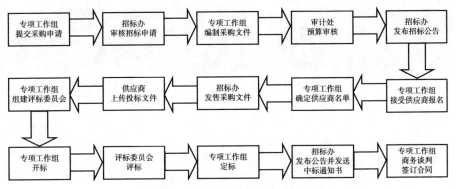

图 9.40 高校项目采购公开招标流程

（4）审计处按照相关文件和预算审核采购文件。

（5）审计处将采购文件审核通过后，由招标办发布招标公告。

（6）专项工作组在规定时间内接受供应商报名。

（7）专项工作组在规定时间内对报名的供应商进行资格审查，最后确定供应商名单。

（8）招标办按照规定发售采购文件，专项工作组进行采购文件答疑。

（9）供应商在规定时间内上传投标文件。

（10）专项工作组按照相关文件组建评标委员会。

（11）专项工作组按照时间要求准时主持开标。

（12）评标委员会按照相关文件和要求进行评标。

（13）专项工作组根据评标委员会的评审结果定标。

（14）招标办发布中标公告并发送中标通知书给中标供应商。

（15）专项工作组与中标供应商拟定、洽谈、审查与签订合同。

参考文献

［1］鲍玉昆，张金隆，孙福全，李新男．基于SMART准则的科技项目评标指标体系结构模型设计［J］．科学学与科学技术管理，2003（2）：46－48．

［2］《标准文件》编制组．中华人民共和国标准施工招标文件［M］．北京：中国计划出版社，2007．

［3］布坎南．公共财政［M］．赵锡军，张成福，译．北京：中国财政经济出版社，1991．

［4］财政部关于印发《地方预算单位政府集中采购目录及标准指引（2020年版）》的通知［EB/OL］．财政部网站，http：//www. mof. gov. cn/gkml/caizhengwengao/202001wg/202001wg/202005/t20200522_3518625. htm，2019－12－31．

［5］财政部关于印发《全国政府采购管理交易系统建设总体规划》和《政府采购业务基础数据规范》的通知［EB/OL］．财政部网站，http：//gks. mof. gov. cn/ztztz/zhengfucaigouguanli/201302/t20130225_734700. htm，2013－1－31．

［6］财政部印发了《关于疫情防控期间开展政府采购活动有关事项的通知》［EB/OL］．财政部网站，http：//gks. mof. gov. cn/guizhangzhidu/202002/t20200207_3466846. htm．

［7］陈工．政府预算与管理［M］．北京：清华大学出版社，2004．

［8］陈维峰．我国政府采购管理模式及运行机制研究［D］．长春：吉林大学，2019．

［9］冯永琴，尹彦，张晓瑞．韩国电子政府采购系统标准化建设初探［J］．标准科学，2014（11）：84－87.

［10］海南省财政厅 海南省审计厅关于印发《海南省省级单一来源采购方式管理暂行办法》的通知［EB/OL］．海南省财政厅网站，http：//mof．hainan．gov．cn/sczt/0503/201801/2660072a0e8248b0aa7f27a57b77fe16．sht-ml，2018－01－30.

［11］韩金荣．IT项目投资评估中的成本效益分析［D］．青岛：中国海洋大学，2004.

［12］胡兰玲．政府采购制度创制研究［D］．天津：南开大学，2013.

［13］黄明锦．政府采购运行效率要素分析［J］．中国政府采购，2005（3）：11－13.

［14］黄业仲．火电机组设备采购评标研究［D］．北京：华北电力大学，2007.

［15］黄有亮，徐向阳，谈飞，李希胜．工程经济学［M］．南京：东南大学出版社，2002.

［16］李宝民．政府采购制度的国际比较及对我国的启示［J］．理论界，1999（3）：48－49.

［17］李岐．基于Spring Boot的网络招投标管理系统研建［D］．北京：北京林业大学，2020.

［18］李桥兴．多属性决策中指标权重确定的理论研究与应用［D］．南宁：广西大学，2004.

［19］刘凤海，刘宏．政府采购招标策略［M］．北京：兵器工业出版社，2007.

［20］刘慧．美国、加拿大电子采购平台建设情况及启示［J］．中国政府采购，2010（3）：66－67.

［21］刘俊宏．政府采购项目评标体系改进研究［D］．青岛：青岛大学，2013.

［22］吕汉阳．国际视野：电子化政采平台五彩纷呈［J］．招标采购管理，2013（6）：12－17.

［23］吕汉阳．政府采购电子化＝制度变革＋流程再造［N］．政府采购信息

报，2011 – 03 – 25.

[24] 2020 年全国政府采购简要情况 [EB/OL]. 财政部网站，http：//www. mof. gov. cn/jrtts/202109/t20210903_3750627. htm，2021 – 09 – 03.

[25] 钱忠宝. 一种基于模糊数学的评标方法：模糊综合评价法 [J]. 中国招标，2008（4）：14 – 25.

[26] 舒欢，宁敬博. 基于组合赋权与 TOPSIS 法的政府工程采购评标研究 [J]. 河北工业科技，2015，32（3）：215 – 218.

[27] 苏金明，王永利. MATLAB7. 0 实用指南 [M]. 北京：电子工业出版社，2004.

[28] 苏园园. 异地电子评标系统的设计与实现 [D]. 东营：中国石油大学，2013.

[29] 王长江. 政府采购制：国际经验及其借鉴 [J]. 中国改革，1998（9）：50 – 51.

[30] 王家林. 政府采购立法与财政法制建设 [M]. 北京：中国财政经济出版社，2002.

[31] 王莲芬. 层次分析法引论 [M]. 北京：中国人民大学出版社，1990.

[32] 王敏. 我国政府采购所面临的困境及对策 [J]. 财金贸易，2000（1）：15 – 16.

[33] 王淑杰，高奎明. 我国与 WTO 成员政府采购制比较分析 [J]. 黑龙江财会，2000（12）：48.

[34] 王亚琴. 政府采购与行政权利救济 [M]. 北京：人民法院出版社，2004.

[35] 王亚星. 中国政府采购的市场化运作 [M]. 北京：红旗出版社，2003.

[36] 王远. 政府绿色采购指标体系研究 [C]. 环境公共财税政策国际研讨会会议论文集，2009：60 – 67.

[37] 卫晓雷. 建立我国政府采购制度的初步设想 [J]. 沿海经济，2000（7）：52 – 53.

[38] 魏巍. 工程类政府采购评标指标体系的构建与应用研究 [D]. 天津：天津大学，2011.

[39] 文英，牛霞. 浅析我国政府采购的评标指标体系 [J]. 中国政府采购，

2005（3）：14－16.

[40] 武春友，张米尔.技术经济学［M］.大连：大连理工大学出版社，2003.

[41] 武小柳.政府购买公共服务供应商评价体系研究：以天津市 H 区为例［D］.天津：天津师范大学，2019.

[42] 肖捷.中华人民共和国政府采购法辅导读本［M］.北京：经济科学出版社，2002.

[43] 谢建锋.中国货物和服务政府采购评标体系研究［J］.集团经济研究，2006（2）：12－13.

[44] 徐焕东.政府协议供货采购方式的特点与作用［J］.中国政府采购，2021（3）：75－78.

[45] 徐培强.工程建设项目评标方法研究［D］.成都：西南交通大学，2004.

[46] 徐盛国，屈金凤，等.政府绿色采购产品技术指标体系设计研究［J］.生态经济，2016，32（1）：111－114.

[47] 徐志.部分国家和地区政府采购管理制度综述［J］.中国财政，2003（11）：63－64.

[48] 荀丹.面向政府采购中心的网上招投标系统的设计与实现［D］.大连：大连理工大学，2015.

[49] 亚当·斯密.国富论：国民财富的性质和起因的研究［M］.谢祖钧，译.广州：新世纪出版社，2007.

[50] 杨玲.电子化政府采购理论探索与实践［M］.北京：中国财政经济出版社，2007.

[51] 张高攀.政府采购供应商选择研究［D］.天津：天津大学，2009.

[52] 张国兴.工程项目招标投标［M］.北京：中国建筑工业出版社，2007.

[53] 张士彬.基于多属性群决策理论的人机交互式评标系统研究：以工程项目评标为例［D］.济南：山东建筑大学，2012.

[54] 张水波，张蕾，高原.工程总承包模式下的综合评标指标体系研究［J］.天津大学学报，2005（3）：97－101.

[55] 赵莉.基于多属性群决策的政府采购供应商评价方法研究［D］.天津：

天津大学，2016.

［56］政府采购评审专家管理办法［EB/OL］. 财政部网站，http：//
gks. mof. gov. cn/guizhangzhidu/201611/t20161128_2467658. htm，2016. 11. 18.

［57］政府采购项目电子化交易系统介绍［EB/OL］. 中国政府采购网，ht-
tp：//www. ccgp. gov. cn/etp/.

［58］邹昊. 政府采购体系建设研究［M］. 北京：清华大学出版社，2011.

［59］Baumol W J. Notes on the Theory of Government Procurement［J］. Econom-
ica，1947，14（53）：1 - 18.

［60］Forbes R. Governmental Purchasing［D］. Columbia University，1929.

［61］Heidari F，Loucopoulos P. Quality Evaluation Framework（QEF）：Model-
ing and Evaluating Quality of Business Processes［J］. International Journal
of Accounting Information Systems，2013，15（3）：193 - 223.

［62］Lee L，Jr，Dobler D W. Purchasing and Material Management：Text and
Cases［M］. New York：Mcgraw Hill INC，1977.

［63］Malkat M，Kang B-G. An Investigation on the Stakeholders of Construction
Projects in Dubai and Adjacent Rejions［C］//Proceedings of 2012 Interna-
tional Conference on Management Technology and Science，2012.

［64］Mcafee R P，Mcmillan J. Government Procurement and International Trade
［J］. Journal of International Economics，1989，26（3 - 4）：291 - 308.

［65］McKinney J B. Effective Financial Management in Public and Nonprofit
Agencies［M］. Greenwood Pub Group，2004.

［66］Page H R. Public Purchasing and Materials Management［M］. Lexington
Books，1980.

［67］Premchand A. Public Expenditure Management［M］. International Monetary
Fund，1993.

［68］Sipahi S，Esen O. A Multi-Criteria Model for Bidding Evaluation：An Alter-
native Selection of the Best Firms for the Presentation of Istanbul 2010［J］.
Management Decision，2010，48（2）：296 - 313.

```
a = a1. * a2. * a3. * a4. * a5
A = a. ^(1/5)
b1 = b11. * b12. * b13. * b14. * b15
B1 = b1. ^(1/5)
b2 = b21. * b22. * b23. * b24. * b25
B2 = b2. ^(1/5)
b3 = b31. * b32. * b33. * b34. * b35
B3 = b3. ^(1/5)
b4 = b41. * b42. * b43. * b44. * b45
B4 = b4. ^(1/5)
b5 = b51. * b52. * b53. * b54. * b55
B5 = b5. ^(1/5)
b6 = b61. * b62. * b63. * b64. * b65
B6 = b6. ^(1/5)
[x,y] = eig(A)
w1 = x(:,[1])/sum(x(:,[1]))
lamda = y([1],[1])
CI1 = (lamda - 6)/5
CR1 = CI1/1. 26
[x,y] = eig(B1)
```

$w21 = x(:,[1])/sum(x(:,[1]))$

$lamda = y([1],[1])$

$CI21 = (lamda - 3)/2$

$CR21 = CI21/0.52$

$[x,y] = eig(B2)$

$w22 = x(:,[1])/sum(x(:,[1])$

$lamda = y([2],[2])$

$CI22 = (lamda - 3)/2$

$CR22 = CI22/0.52$

$[x,y] = eig(B3)$

$w23 = x(:,[1])/sum(x(:,[1]))$

$lamda = y([1],[1])$

$CI23 = (lamda - 7)/6$

$CR23 = CI23/1.36$

$[x,y] = eig(B4)$

$w24 = x(:,[1])/sum(x(:,[1]))$

$[x,y] = eig(B5)$

$w25 = x(:,[1])/sum(x(:,[1]))$

$lamda = y([1],[1])$

$CI25 = (lamda - 5)/4$

$CR25 = CI25/1.12$

$[x,y] = eig(B6)$

$w26 = x(:,[1])/sum(x(:,[1]))$

$lamda = y([1],[1])$

$CI26 = (lamda - 3)/2$

$CR26 = CI26/0.52$

$w1\_sum = zw21 * w1$

$w2\_sum = zw22 * w1$

$w3\_sum = zw23 * w1$

$w4\_sum = zw24 * w1$

w5_sum = zw25 ∗ w1

w6_sum = zw26 ∗ w1

CI = [CI21, CI22, CI23, CI24, CI25, CI26]

RI = [RI21, RI22, RI23, RI24, RI25, RI26]

CR = CI ∗ w1/RI ∗ w1